UNIVERSITÉ DE RENNES. FACULTÉ DE DROIT

# DE LA RÉFORME

# DE L'IMPOT SUR LES SUCCESSIONS

THÈSE

POUR LE DOCTORAT ÈS SCIENCES POLITIQUES ET ÉCONOMIQUES

PAR

P. BORDAIS

RECEVEUR DE L'ENREGISTREMENT A SEIN

PARIS

IMPRIMERIE E. CAMIS ET Cie

ANGERS, SECTION ORIENTALE A. BURDIN

1900

DE LA RÉFORME

# DE L'IMPOT SUR LES SUCCESSIONS

## JURY D'EXAMEN

MM. BLONDEL<br>
AUBRY } *professeurs.*<br>
BODIN

UNIVERSITÉ DE RENNES. — FACULTÉ DE DROIT

# DE LA RÉFORME

# DE L'IMPOT SUR LES SUCCESSIONS

THÈSE

POUR LE DOCTORAT ÈS-SCIENCES POLITIQUES ET ÉCONOMIQUES

PAR

P. BORDAIS

RECEVEUR DE L'ENREGISTREMENT A SEIX

PARIS

IMPRIMERIE E. CAMIS ET Cie

ANGERS, SECTION ORIENTALE A. BURDIN

1900

*A mes parents*

*A mes amis*

# BIBLIOGRAPHIE


AUDÉ, *De l'impôt sur les mutations par décès*, thèse, Paris, 1896.

BODIN, *La réforme des droits de succession et la notion de l'impôt progressif*, *Revue d'économie politique*, 1894, p. 950 ss.

BOUDENOOT, Articles dans la *Revue politique et parlementaire*, 1894, t. I, p. 27 ss. ; 1895, t. III, p. 16 ss.

BUTEL, *L'impôt sur les successions*, thèse, Paris, 1893.

CORBE, *De l'impôt progressif considéré en général et dans son application aux mutations par décès*, thèse, Rennes, 1874.

DUBOIS (Louis-Paul), *La réforme récente des taxes successorales en Angleterre*, *Rev. pol. et parl.*, 1895, t. IV, p. 306.

FOURNIER (Marcel), *Amendements désirables au projet de loi sur sur les successions*, *Rev. pol et parl.*, 1894, t. II, p. 427, ss.

FRANCK, *Philosophie du droit civil*, 1886.

GARELLI, *Imposta successoria*, *Rev. d'économie politique*, 1897, p. 93.

GUILLIAUD, *Étude sur la vicesima hereditatum, envisagée spécialement au point de vue historique et économique*, thèse, Paris, 1897.

LEFEBVRE, *De la déduction du passif en matière de succession*, thèse, Lille, 1897.

LEROY-BEAULIEU (Paul), *Des inconvénients des droits élevés sur les successions*, dans l'*Economiste français*, du 2 octobre 1897.

MAGUÉRO, *Théorie de l'impôt sur les successions*, thèse, Rennes, 1881.

Quinion-Hubert, *Du principe de la non-distraction des charges en législation fiscale*, thèse, Caen, 1893.

Raison, *Le régime fiscal des successions*, *Revue de l'enregistrement*, 1895, t. IV, p. 249 ss.

Salefranque (Léon) articles dans la *Revue pol. et parl.*, 1894, t. II, p. 431 ss. ; 1895, t. III, p. 112 ss.

Sauty, *Les projets de réforme de l'impôt sur les successions*, thèse, Paris, 1893.

Say (Léon), *Dictionnaire d'économie politique*, v° *succession.*

Wahl, *L'impôt sur les mutations par décès en droit romain*, thèse, Paris, 1886.

*Journal officiel.* — Recueil des documents parlementaires de la Chambre et du Sénat depuis 1893.

# PRÉFACE

Nous avons essayé une étude critique des divers projets ou propositions de lois, présentés en France, dans ces dernières années, pour modifier le régime fiscal des successions.

Presque tout le monde aujourd'hui reconnaît, en effet, la nécessité de procéder à une refonte de la théorie générale de l'impôt sur les mutations par décès, telle qu'elle se trouve organisée par la loi actuellement en vigueur du 22 frimaire an VII. C'est là d'ailleurs à peu près le seul point sur lequel on se trouve d'accord : dès qu'il s'agit, non plus de renverser le système fiscal actuel, mais de lui en substituer un autre plus conforme aux principes généraux du droit, les avis se partagent, les projets et propositions de lois se succèdent sans aboutir et la loi du 22 frimaire an VII, attaquée par tous, continue à nous régir, malgré les iniquités qu'elle sanctionne. La Chambre des députés a bien adopté, dans sa séance du 22 novembre 1895, un projet de loi modifiant le régime fiscal des successions, et notre tâche se ramènera en grande partie à l'exposé critique des différentes mesures consacrées par ce texte(1). Malheureusement, ce projet n'a pas encore été voté par le Sénat et il est probable que les deux Assemblées ne parviendront pas facilement à se mettre d'accord sur un texte définitif.

La question du régime fiscal des successions reste donc entière. Il importe de faire cesser une pareille situation; nous avons voulu aider à la solution du problème, dans la mesure de nos forces, en étudiant impartialement ces graves questions et en essayant de prendre parti dans ce débat.

Tel a été notre seul but. Toutefois, afin d'envisager cette matière sous toutes ses faces, avant d'arriver au véritable objet de ce travail, nous avons voulu examiner rapidement le principe même de la taxe établie sur les mutations par décès. Puis, dans une première partie, après un aperçu historique de la question, nous avons donné un exposé sommaire du régime fiscal actuel, en nous efforçant de montrer ses imperfections. Ces préliminaires posés, nous avons consacré la seconde partie de cette étude à l'examen critique des projets de réforme présentés dans ces derniers temps, soit à la Chambre des Députés, soit au Sénat.

(1) Voy. dans l'Appendice placé à la fin de notre travail le texte de ce projet.

# INTRODUCTION

Avant d'étudier dans ses détails le régime fiscal des successions en droit français, nous devons nous demander ce que vaut, au point de vue économique et financier, l'impôt sur les mutations par décès. Un pareil impôt est-il légitime? quelles considérations peut-on faire valoir en sa faveur, quelles critiques peut-on lui adresser?

Mais tout d'abord, avant de s'engager dans cet ordre d'idées, une question préalable se pose : N'est-ce point folie que de prétendre étayer une loi fiscale sur des fondements rationnels? L'impôt, quel qu'il soit, dit-on volontiers, ne saurait avoir d'autre justification que sa nécessité : l'impôt est légitime parce qu'il est nécessaire. Dès lors, à quoi bon subtiliser et vouloir présenter comme une chose juste, presque comme un bien, ce qui est une injustice et un mal inévitable?

Cette façon de raisonner nous paraît singulière. Et d'abord il n'est nullement établi que l'impôt soit toujours un mal et une injustice. Qu'il soit inévitable, c'est là une vérité évidente et que personne ne songe à contester. Mais la question est de savoir en quelle forme et à quelle occasion on doit l'établir, pour qu'il soit le moins lourd et le moins vexatoire pour le contribuable. De ce qu'il est nécessaire de percevoir des impôts, il ne s'ensuit nullement qu'il soit nécessaire de percevoir tel impôt déterminé, et notamment l'impôt sur les mutations par décès. La question que nous nous posions reste donc entière et mérite d'être examinée.

Des considérations d'ordre très divers ont été présentées pour justifier les droits que prélève l'État sur les successions. On s'est efforcé de démontrer la légitimité du procédé qui consiste de la part de l'État à se présenter lors de l'ouverture d'une succession et à réclamer une partie du capital successoral. De toutes les argumentations qui ont été produites dans ce but et qui, pour la plupart sont très faibles, nous n'en retiendrons que deux. On s'accorde en général à leur reconnaître une certaine valeur; elles suffisent, à notre avis, à justifier les taxes successorales.

En premier lieu, l'impôt sur les mutations par décès est réclamé à une personne qui vient de s'enrichir gratuitement, sans effort, souvent d'une manière inopinée. Cette personne serait, dès lors, mal fondée à murmurer de ce que l'État vienne prendre une parcelle de son gain, afin de pourvoir aux dépenses publiques, dont tous profitent et auxquelles, par suite, tous doivent contribuer selon leur fortune.

On a prétendu que de pareilles considérations devaient être écartées. Tout d'abord, a-t-on dit, alors même qu'il serait vrai que tout héritier est un être heureux qui fait un gain sans qu'il lui en coûte aucune peine, il n'en résulterait point que le fisc puisse sans injustice s'approprier une partie de ce gain qui appartient à autrui.

Ensuite et surtout, a-t-on fait observer (1), on ne songe point « que la mort qui ouvre une succession est pour beaucoup d'héritiers un malheur irréparable. Ainsi en est-il pour des enfants qui perdent leur père ou bien un frère aîné, un oncle, un parent qui était leur soutien. En échange de ce que gagnait leur père ou leur parent, ils se trouvent avec un chétif patrimoine dont le revenu sera bien petit; le fisc va l'amoindrir encore ».

Cette objection présente certainement une part de vérité; nous ne croyons pas cependant qu'elle doive nous arrêter. Sans doute, assez souvent, l'impôt aura le fâcheux effet qu'on nous signale, mais dans la grande majorité des cas, il n'en sera point ainsi. L'hypothèse sur laquelle raisonnent les rédacteurs du *Nouveau dictionnaire d'économie politique* est forcément l'exception; la règle générale, surtout dans les familles peu fortunées, est que les enfants parvenus à un certain âge gagnent personnellement de quoi vivre et ne sont plus à la charge de leurs parents. Il est donc insoutenable de poser en thèse que l'ouverture d'une succession est, au point de vue pécuniaire, un malheur pour les héritiers; c'est le contraire qui est vrai et par conséquent *a priori* la perception de l'impôt ne semble pas injuste.

Une seconde considération peut être présentée en faveur de l'impôt sur les successions. Cet impôt est en quelque sorte un *impôt-assurance*. Il nous apparaît, en effet, au moins en partie, comme le prix d'un service rendu par l'État; c'est l'État qui assure la transmission des biens du défunt à ses héritiers et légataires et qui

(1) Léon Say et J. Chailley, *Nouveau dictionnaire d'économie politique*, Paris, Guillaumin, 1892, t. II, v° Succession, n° 5, p. 930.

empêche les tiers de s'en emparer; il n'est que juste de lui payer en retour une rémunération.

A elle seule, cette dernière idée serait assurément impuissante à légitimer les droits de mutation par décès, tels qu'ils fonctionnent aujourd'hui. Nous ne nous trouvons pas, en effet, en présence d'une taxe légère et uniforme pour tous les successibles, quels que soient les liens qui les unissaient au défunt; cette taxe, au contraire, est très élevée et varie selon les liens de parenté : les droits sont plus forts pour les successions qui échoient à des frères et sœurs que pour celles recueillies par des descendants; ils le sont encore davantage pour des collatéraux plus éloignés ou pour des personnes non parentes. Or il est bien évident que le service rendu par l'État, en assurant la transmission régulière des biens du défunt, serait suffisamment rémunéré par un prélèvement de 1 ou 2 0/0 sur la succession; il est évident aussi que, le service rendu étant le même pour tous, la distinction entre les proches parents et les parents éloignés ou les personnes non parentes ne se justifierait pas.

Si l'on combine, au contraire, au lieu de les isoler l'une de l'autre, les deux considérations qui viennent d'être présentées, il nous semble qu'elles se renforcent mutuellement et qu'elles suffisent à justifier les droits de mutation par décès. Il faut ajouter maintenant, et cette observation est d'une importance capitale, qu'au point de vue financier, l'impôt sur les successions constitue un merveilleux instrument fiscal; il possède, à un haut degré, les principales qualités que l'on doit exiger dans un bon régime financier (1) :

(1) M. Ch. Bodin, *Cours de législation financière*, professé à la Faculté de droit de Rennes.

1° Cet impôt est tout d'abord très *productif*, et c'est là à notre époque une qualité de premier ordre. Il présente chaque année de rapides plus-values, en dépit de la crise industrielle et agricole qui sévit actuellement en France. Les droits de mutation par décès ont été évalués pour 1898 à 181.254.000 francs, pour 1899 à 185.714.000 francs, pour 1900 à 190.396.000 francs;

2° L'impôt sur les successions a de plus, comme l'a fait remarquer M. Hippolyte Passy, cette indéniable supériorité sur beaucoup d'autres contributions, d'être direct dans un autre sens du mot, puisqu'il est réellement supporté par le contribuable auquel il s'adresse sans donner lieu aux incidences souvent inattendues qui résultent de la plupart des taxes fiscales (1);

3° Il ne nous apparaît pas avec ce caractère inquisitorial et vexatoire que l'on reproche à quelques autres impôts, par exemple aux impôts de consommation perçus par voie d'exercice chez les débitants et aux taxes d'octroi; il n'entraîne aucune investigation gênante de la part de la régie, puisque la loi se borne simplement à exiger de l'héritier une déclaration des biens successoraux. Ajoutons qu'il est financièrement très habile, car il est demandé à propos d'un accroissement de richesse purement gratuit et au moment où l'héritier vient d'en bénéficier;

4° Le recouvrement des droits de mutation par décès coûte fort peu à l'État; il est confié, en effet, à l'administration de l'Enregistrement. Or cette administration est, de toutes nos administrations financières, celle qui a le moins de frais proportionnellement aux sommes

(1) Rapport Poincaré, *Chambre*, *Doc. parl.*, 1894, p. 1247.

qu'elle encaisse : pour 1900, ces frais ne s'élèvent pas au-dessus de 4,40 p. 100, et encore faut-il observer qu'ils sont augmentés dans une certaine mesure par le matériel du timbre ;

5° Enfin, l'impôt sur les successions est ancien, puisque, ainsi que nous le verrons plus loin, il remonte jusqu'à la taxe du *centième denier* qui était perçue sous l'ancien régime ; dans certaines parties de la France, on l'appelle encore le centième denier. Or l'ancienneté est une qualité fort importante pour un impôt. Sans doute, comme le dit M. de Parieu, il serait irrespectueux de comparer l'impôt à une paire de chaussures qui prend mieux le pied et cesse de blesser après un long usage (1). Il n'en est pas moins vrai que toute taxe nouvelle demeure forcément défectueuse pendant de longues années, d'abord parce qu'il est impossible de parvenir du premier coup à l'établir sur des bases parfaites, ensuite parce que le contribuable ne s'habitue que lentement au poids des contributions qui l'incommodent. L'impôt des successions possède à un haut degré cette qualité, l'ancienneté ; et aujourd'hui, malgré leur élévation, le paiement des droits de mutation par décès se fait sans récriminations de la part des contribuables, car l'usage a fait considérer ce paiement comme une charge indissolublement liée aux avantages que procure la qualité de successible.

Les droits de mutation par décès nous paraissent donc être parfaitement légitimes et présenter des avantages considérables. On les a cependant combattus avec une

(1) Léon Say et Chailley, *Nouveau dictionnaire d'économie politique*, 1892, t. II, v° Impôt, p. 12.

extrême violence. « Ce sont, sans difficulté, a-t-on dit (1), les plus mauvais de tous les impôts. Les autres attaquent et diminuent les produits, mais les produits renaissent;... les droits de mutation détruisent les produits qui ne renaissent jamais; ... ils s'opposent à la circulation, ... augmentent la misère d'un côté, restreignent la richesse de l'autre et les observateurs les regardent comme le ver rongeur de la société. » Cette objection revient à dire que l'impôt sur les successions constitue une taxe sur le capital et il y a là pour certains économistes un vice fondamental. Nous ne sommes point, quant à nous, des adversaires aussi irréductibles de l'impôt sur le capital et le caractère que l'on reproche ici à l'impôt des successions ne nous effraie pas. A côté des taxes sur les différentes sources de revenus des contribuables, il nous paraît bon qu'il existe, à titre d'impôt correcteur ou rectificateur, un *léger* impôt sur le capital; de cette façon, on atteint des richesses que ne frappent pas suffisamment les impôts sur le revenu : châteaux, parcs d'agrément, galeries de tableaux, diamants, etc. Cela est nécessaire, croyons-nous, pour assurer l'égalité des citoyens devant l'impôt (2).

(1) P. Leroy-Beaulieu, *Traité théorique et pratique d'économie politique*, 1896, t. I, p. 738.

(2) Actuellement, d'après la loi de frimaire an VII, les droits de mutation par décès étant liquidés non pas sur la valeur vénale des immeubles, mais d'après leurs revenus, l'impôt sur les successions ne saurait jouer le rôle que nous souhaitons; ce mode d'évaluation des biens héréditaires a été maintenu dans le projet de la loi voté par la Chambre. Nous espérons qu'on renoncera à ces errements. En tout cas, il n'y a point là une objection contre notre argumentation : nous défendons, en effet, l'impôt sur les successions en le supposant établi sur les bases que nous proposons.

Le principe admis, reste maintenant à déterminer la méthode fiscale à employer. Or, sans hésitation, celle qui consiste à frapper le capital au moment où il se transmet d'une personne à une autre nous paraît très heureuse. Au moment où il circule, en effet, le capital se révèle de lui-même, il se montre au fisc et ce dernier peut facilement le saisir. La loi d'ailleurs aide à ce résultat, car elle intervient pour régler ces transmissions, soit qu'elles se fassent entre vifs, soit qu'elles aient lieu *mortis causa*; elle exige l'accomplissement de certaines formalités dans le but d'assurer la régularité des transmissions, ou même parfois pour favoriser la perception d'une taxe.

On objecte qu'un impôt établi sur de pareilles bases aboutit fatalement à des injustices : tel capital sera l'objet en peu d'années de nombreuses transmissions et se trouvera, par suite de l'impôt, considérablement amoindri, tandis que tel autre restera très longtemps entre les mêmes mains et ne supportera point les mêmes charges fiscales. Sans doute, il y a là une injustice inévitable et il faut essayer de corriger le système sur ce point; on peut notamment prendre des mesures législatives de nature à limiter l'effet des impositions successives d'un même capital dans un temps restreint; ensuite, il est indispensable que la quotité de l'impôt soit légère, afin que le capital ne se trouve diminué que d'une quantité négligeable, même après une série de transmissions se produisant dans un court laps de temps.

Nous n'insisterons pas davantage sur la légitimité même des droits de mutation par décès. Mais nous devons protester ici contre une doctrine dangereuse qui a été soutenue par des auteurs illustres et qui ne tend à rien moins qu'à se servir de l'impôt sur les successions comme un instrument de nivellement des fortunes. « Le pouvoir de léguer, dit Stuart-Mill dans un passage souvent cité (1), est un des privilèges de la propriété qui peuvent être utilement réglementés dans un intérêt d'utilité publique, et la meilleure manière d'empêcher l'accumulation des grandes fortunes dans les mains de ceux qui ne les ont pas acquises par leur travail est de mettre une limite à ce que chacun peut acquérir par donations, legs ou successions. L'auteur demande, en conséquence, « de porter le chiffre de l'impôt aussi haut qu'il serait possible. » Cette théorie n'est pas la nôtre, et nous la considérons comme contraire à la véritable notion juridique, économique et sociale de l'hérédité. Nous ne saurions trop insister sur cette idée : si nous admettons les droits de mutation par décès, c'est seulement à la condition que le taux en soit modéré et qu'ils n'aboutissent point à la confiscation des fortunes privées (2). Au fond, c'est la nature même des transmissions héréditaires qui se trouve mise en question dans ce débat, et le caractère que l'on attribue à l'impôt sur les successions dépend de la conception que l'on se fait de la dévolution héréditaire. L'hérédité est-elle le résultat d'une simple tolérance du législateur, de telle sorte que l'État aurait un droit supérieur sur la propriété privée et que le droit de mutation serait une sorte

(1) *Principes de l'économie politique*, t. II, p. 342.

(2) Voy. sur les inconvénients des droits de mutation trop élevés l'article de M. P. Leroy-Beaulieu dans l'*Économiste français* du 2 octobre 1897. D'après cet éminent économiste, l'impôt de mutation par décès ne devrait jamais dépasser une année de revenus du capital transmis.

de rachat féodal ? La faculté de transmettre ses biens n'apparaît-elle pas, au contraire, comme un droit naturel et comme un attribut essentiel de la propriété?

Sur quel fondement repose donc l'hérédité (1) ? Tous ceux qui nient le droit de propriété, tels que Rousseau, Mably, Mirabeau, Robespierre, Montesquieu lui-même, ont dû nécessairement nier en même temps le droit de transmettre ses biens après sa mort et faire de l'hérédité une institution purement civile, variable selon les temps, selon les lieux et la forme du gouvernement. « Le père est obligé de nourrir son enfant, a écrit Montesquieu, mais il n'est pas obligé de le faire héritier. »

D'autres, tels que Merlin, Toullier, Grenier, Tronchet lui-même, tout en admettant la propriété comme un droit naturel, ont été conduits à considérer la transmission héréditaire comme une simple tolérance du législateur, parce qu'ils font reposer la propriété uniquement sur l'occupation ou le droit du premier occupant. « Quand un homme meurt, dit Binkersohek, sa place est vacante suivant le droit naturel, et un autre homme prend sa place, comme l'onde prend la place de l'onde qui a expiré sur le rivage. » Tronchet, au sein de l'Assemblée constituante a professé la même doctrine, en ces termes : « La loi immuable de la nature qui a créé l'homme mortel, borne invinciblement son droit de propriété, sinon à un simple usage, au moins dans les limites de son existence. Le droit de transmettre après lui n'est donc qu'une exception à la loi naturelle primitive et une concession nécessaire que la loi civile a faite à l'homme,

(1) Voy. sur les développements qui vont suivre Franck, *Philosophie du droit civil*, 1886, p, 198 ss.

moins pour son avantage personnel que dans l'intérêt commun de la société (1) ».

Selons nous, le véritable fondement du droit de propriété, c'est le travail. L'homme, dit M. Thiers dans son remarquable ouvrage sur la propriété, est évidemment propriétaire de ses facultés personnelles. Ces pieds, ces mains, ces organes divers qui le mettent en communication avec le monde extérieur sont à lui; s'il s'en sert pour pêcher un poisson, pour capturer des animaux sauvages, pour arroser et défricher des terres incultes, les produits de sa pêche, de sa chasse, de sa culture; ne lui appartiennent-ils pas, puisqu'il les a acquis à la sueur de son front et à l'aide de ses facultés naturelles? Cette propriété, la société est intéressée au plus haut point à la lui garantir, « car sans cette garantie point de travail, sans travail pas de civilisation, pas même le nécessaire, mais la misère, le brigandage et la barbarie » (2).

Cette propriété n'est pas complète si elle n'est point transmissible par don ou par hérédité. Les biens que l'homme acquiert, il ne les aurait pas créés ou conservés sans la pensée de les laisser après sa mort à sa famille; ici encore, il faut dire : Sans l'hérédité, point de

(1) On pourrait peut-être, tout en faisant reposer la propriété uniquement sur le droit du premier occupant, défendre le droit de tester en argumentant avec Leibniz de l'immortalité de l'âme. Mais, comme on l'a dit, « c'est un raisonnement de l'autre monde, absolument inapplicable aux besoins, aux lois et aux conditions de celui-ci. Comment un pur esprit sera-t-il considéré comme le pro-propriétaire d'une chose matérielle? » Comment cette propriété pourra-t-elle s'exercer? quels ordres donnera-t-il à ses prétendus fondés de pouvoir et pour quels besoins? Franck, *op. cit.*, p. 200.

(2) Thiers, *De la propriété*, 1848, p. 42.

stimulant infini au travail, au grand détriment de l'utilité sociale (1).

On insiste cependant et l'on s'écrie : *Mors omnia solvit*, la mort met fin à toute chose. On ne conçoit pas qu'une personne qui n'existe plus ait encore une volonté et qu'il faille en tenir compte. Cette argumentation qui affecte une forme juridique peut être facilement réfutée, même en se plaçant sur le terrain du droit civil. On distingue, en droit, la pollicitation et l'acceptation et l'on admet que ces deux actes peuvent très bien ne pas se produire à la même époque. La pollicitation, c'est-à-dire l'offre faite à un tiers peut être acceptée par ce dernier tant que son auteur ne l'a pas retirée. Or cette pollicitation, qui se trouve consignée dans le testament du *de cujus*, subsiste évidemment au moment précis de la mort de ce dernier, tant qu'il lui reste un souffle de vie ; mais à ce même moment, l'acceptation a lieu, puisque, dès l'ouverture de la succession la loi investit le successible de la qualité d'héritier, indépendamment de toute manifestation de volonté de sa part ; il y a une acceptation tacite et légale de l'offre que fait le *de cujus*, et dès lors on a pu dire, sous une forme légèrement paradoxale, que la transmission héréditaire s'opère elle-même *inter vivos*.

Du reste nous n'avons pas à insister sur ces considérations juridiques. Le point de vue économique et social est ici celui qui doit dominer tous les autres. La pro-

(1) Thiers, *ibid.*, p. 64 : « L'homme n'ayant plus que lui-même pour but, s'arrêterait au milieu de sa carrière, dès qu'il aurait acquis le pain de sa vieillesse, et comme je vous le disais, de peur de produire l'oisiveté du fils, vous auriez commencé par ordonner l'oisiveté du père ! »

priété n'est complète que si elle est transmissible par hérédité ; la faculté de transmettre ses biens après sa mort dérive donc du droit de propriété et, comme cette propriété même, elle constitue un droit naturel et non pas une institution civile et arbitraire.

Telle est la théorie vraie, et dans l'impôt sur les successions il n'y a rien qui en soit la négation, cet impôt n'est pas autre chose qu'un des modes par lesquels les citoyens contribuent aux dépenses publiques ; on en méconnaît la nature quand on y voit un prélèvement exercé par l'État en vertu d'une sorte de domaine éminent.

La doctrine que nous venons d'exposer a été solennellement consacrée par la Cour de cassation dans deux arrêts du 23 et du 24 juin 1857 (1). L'État prétendait avoir un privilège sur les biens successoraux pour le paiement des droits de mutation par décès. La Cour de cassation a écarté ces prétentions et reconnu que l'État n'avait pas de droit supérieur sur la propriété privée.

(1) S., 57, 1, 402 ; D., 57, 1, 253. — Voy. sur toute cette matière, outre les notes insérées sous les arrêts précités dans Dalloz et Sirey, Glasson, *Éléments de droit français*, t. I, p. 460; Stourm, *Systèmes généraux d'impôts*, pp. 211-212.

# PREMIÈRE PARTIE

## De l'ancien régime fiscal des successions et du régime actuel

## CHAPITRE PREMIER

### Historique (1)

#### SECTION I

DROIT ROMAIN — « VICESIMA HEREDITATUM »

En l'an VI après J.-C., une loi Julia Vicesimaria, rendue par Auguste malgré de vives résistances (2),

(1) L'impôt sur les successions paraît bien avoir été connu des civilisations plus anciennes que la civilisation romaine ; mais on ne retrouve guère de traces de son fonctionnement pour ces époques reculées. Il semble pourtant certain qu'en Égypte, les successions, même en ligne directe, étaient soumises à une taxe très élevée, variant de 10 à 15 0/0. A Athènes, il existait également une taxe sur les mutations par décès ; elle était de 1 0/0.

(2) Cf. Dion Cassius, *Hist. romaine*, LV, 25 ; LVI, 28. Pour triompher de ces résistances, Auguste menaça d'imposer les terres et les maisons.

établit un impôt du vingtième (5 0/0) sur les successions et les libéralités de dernière volonté recueillies par des citoyens romains (1).

Une constitution que Justinien attribue à Antonin le Pieux (2), mais qui est très certainement d'Antonin Caracalla, doubla la quotité de cet impôt et en fit ainsi une *decima.* Ce n'est pas tout ; le génie fiscal de Caracalla trouva un autre moyen pour rendre l'impôt plus productif : ce fut d'augmenter le nombre des contribuables, en octroyant le *jus civitatis* à tous les sujets de l'empire.

La quotité de l'impôt fut ramenée à son chiffre primitif par Opilius Macrinus, successeur de Caracalla (3), mais le droit de cité subsista pour tous.

A l'époque de Justinien, la *vicesima hereditatum* n'existe plus. Il n'est d'ailleurs pas facile de préciser le moment exact de sa disparition. Selon certains auteurs, l'impôt aurait été aboli en 320 par l'empereur Constantin ; cette opinion ne nous paraît pas devoir être admise, car il est encore fait mention de la *vicesima* dans quelques textes du ve et même du vi[e] siècle ; nous croyons plutôt que l'impôt sur les mutations par décès a été aboli seulement en 524 par Justin, prédécesseur de Justinien.

Quelles étaient exactement les règles suivies, soit pour la détermination de l'assiette de l'impôt, soit pour sa liquidation et son recouvrement ? Ce sont là des points fort obscurs et que nous ne pouvons approfondir ici, notre dessein n'étant pas de faire une thèse histori-

(1) Cette loi fut commentée par le jurisconsulte Macer (D., 50, 16, *De verb. sign.*, 154).

(2) Nov., 78, cap. 5.

(3) Dion Cassius, *Histoire romaine*, LXXVII, 12.

que. Nous nous contenterons d'indiquer les solutions qui sont généralement admises (1).

1. *Assiette de l'impôt.* — D'une manière générale on peut dire que la *vicesima hereditatum* atteint toutes les libéralités *mortis causa* faites au profit de citoyens romains.

Toutefois ce principe comporte un double tempérament :

*a*) D'une part, les successions et libéralités modiques, c'est-à-dire celles dont la valeur ne dépassait pas 100.000 sesterces, étaient affranchies de l'impôt (2).

*b*) D'autre part, les successions dévolues à des *sui heredes* étaient également soustraites à la *vicesima*. La même immunité fut accordée par Nerva aux mères succédant à leurs enfants et aux enfants succédant à leur mère, et par Trajan aux successions recueillies par un grand-père ou une grand'mère, un petit-fils ou une petite-fille, un frère ou une sœur (3).

(1) Afin d'assurer la perception de l'impôt, l'ouverture des testaments, qui jusque-là n'était assujettie à aucune forme spéciale, fut soumise à des formalités précises. Paul, *Sentences*, 4, 6, 1.

L'ouverture du testament, dit M. Giraud(*Manuel de droit romain*, 4e fascicule, 1897, p. 813) devait « avoir lieu en public, probablement au bureau même de la perception de l'impôt, en présence des témoins ou de la majorité d'entre eux, normalement dans un délai de trois ou cinq jours après le décès du testateur ».

(2) Le sesterce équivalait à vingt et un centimes de notre monnaie, et par suite, cent mille sesterces représentent vingt et un mille francs. L'étendue de cette exemption est donc considérable et c'est pourquoi elle a été contestée par quelques interprètes.

(3) Pline le Jeune, *Panégyrique de Trajan*, nos 37 à 40. — Auguste n'avait pas accordé cette exemption due aux liens de parenté aux *novi cives*, du moins en principe. Mais Trajan rejeta cette distinction. Cf. Duruy, *Histoire des Romains*, t. IV, p. 782.

2° *Évaluation des biens soumis à l'impôt.* — Comment était calculé le montant imposable de la succession ? Nous verrons plus loin que notre législation fiscale actuelle admet, pour la détermination de la matière imposable, les deux principes suivants, qui nous paraissent également critiquables : 1° l'impôt sur les mutations par décès est prélevé non pas sur l'actif net de la succession, mais sur l'actif brut, c'est-à-dire sans déduction des dettes et charges héréditaires ; 2° lorsqu'un usufruit est transmis *mortis causa*, la nue propriété étant attribuée à une autre personne, le fisc réclame au nu propriétaire les mêmes droits que s'il recueillait la pleine propriété, et en outre, évaluant arbtrairement la valeur de l'usufruit à la moitié de la pleine propriété, il réclame à l'usufruitier un demi-droit.

Les Romains avaient-ils admis ce double principe?

En ce qui concerne le premier point, on a soutenu que la *vicesima* se percevait sur l'actif brut de la succession (1). Cette opinion ne nous paraît pas exacte. Il résulte, en effet, très clairement de plusieurs textes du *Digeste*, notamment de la loi 68, *ad legem Falcidiam*, 35, 2, que les règles à suivre pour le calcul de

(1) On invoque surtout, en ce sens, la loi 37, D., *De religiosis*, 11, 7, extraite du commentaire de Macer sur la loi Julia vicesimaria. Ce texte dit formellement que les frais funéraires devaient être déduits de l'actif brut, mais il ne parle que des frais funéraires, d'où l'on conclut que c'était là la seule déduction à opérer. Il faut répondre que nous sommes en présence d'un simple extrait des Commentaires de Macer, que la pensée des jurisconsultes n'apparaît pas complète et qu'il y avait très certainement d'autres passages de son œuvre relatifs aux dettes *(æs alienum)*. La loi 37 invoquée par nos contradicteurs est donc obscure et il faut l'écarter de la discussion.

la quarte Falcidie étaient les mêmes que celles suivies pour l'application de la *lex Julia vicesimaria*. Or la quarte Falcidie se prélevait très certainement sur l'actif net de la succession (*Inst.*, l. II, t. 22, § 3) ; on ne voit donc pas pourquoi il en serait autrement de la *vicesima*.

On répond que, dans la pratique, cette déduction du passif aurait été de nature à soulever de nombreuses difficultés pour la perception de la *vicesima*. Cela est vrai, mais précisément Justinien nous dit très formellement que l'impôt sur les successions n'est plus appliqué dans son Empire, parce qu'il avait donné lieu à de trop grandes difficultés (1). A notre avis ces difficultés provenaient presque toutes de la nécessité de la déduction des dettes et des enquêtes inquisitoriales qui en étaient la conséquence (2).

3° *Évaluation de la nue propriété et de l'usufruit.* — En ce qui concerne la transmission *mortis causa* de l'usufruit détaché de la nue propriété, les Romains ont adopté la solution que nos projets actuels de réforme ont pour but de consacrer. Ils ont appliqué ici le principe général qui veut que l'impôt soit supporté par l'héritier, par les légataires, par les fidéicommissaires et par les donataires *mortis causa*, proportionnellement au bénéfice recueilli par chacun d'eux. En conséquence, ils se sont efforcés de déterminer la valeur de l'usufruit légué ou donné *mortis causa* en tenant compte de l'âge

(1) C. 7, 33, *De edicto divi Hadriani tollendo*, 3 : « *Cum multis ambagibus et difficultatibus et indiscretis narrationibus* ».

(2) V. en ce sens, Audé, *op. cit.*, p. 17 ss. ; Sauty, *op. cit.*, p. 21 ss. — *Contrà* Maguéro, *Thèse de doctorat*, 1881, p. 39.

de l'usufruitier (1) ; la différence entre cette valeur ainsi calculée et celle de la pleine propriété représentait la valeur de la nue propriété. De cette façon, l'impôt se trouvait, en général, réparti équitablement entre l'héritier et le légataire ou le donataire de l'usufruit.

En résumé donc, dirons-nous avec M. Paul Audé (2), « l'étude de la *vicesima hereditatum* nous a révélé certaines règles très humaines et très équitables : exemption des proches parents, immunité des successions modiques, déduction du passif, évaluation des deux éléments de la propriété divisée (nue propriété et usufruit) d'après leur valeur au temps de la transmission ».

## SECTION II

### ANCIEN DROIT. — TAXES FÉODALES. — CENTIÈME DENIER

Nous trouvons dans notre ancien droit, dès l'époque féodale, des droits de mutation par décès. Mais, à la différence de la *vicesima hereditatum* du droit romain, ce ne sont pas de véritables impôts, c'est-à-dire des contributions exigées de chaque citoyen pour sa part dans les dépenses de l'État ; ce sont plutôt, ainsi que nous le verrons, des redevances domaniales que les seigneurs perçoivent *à titre de propriétaires*. C'est seulement en

(1) La durée de la vie de l'usufruitier était présumée être encore de trente ans entre dix et vingt, de vingt-deux ans entre trente et trente-cinq, etc. En pratique on admit une règle plus simple : si le légataire avait moins de trente ans, on présumait qu'il ne dépasserait pas l'âge de soixante ans ; par suite la durée de l'usufruit n'était pas supérieure à trente ans. D. 35, 2, *ad leg. Falc.*, 68.

(2) *Thèse de doctorat*, 1896, p. 25.

1703 que nous voyons apparaître, sous le nom de *Centième denier*, des droits de mutation qui constituent de véritables impôts et correspondent exactement à nos droits de mutation actuels.

## § 1. — *Taxes féodales.*

L'existence des taxes féodales se rattache à l'organisation de la propriété foncière à l'époque féodale. On distinguait quatre sortes de terres : 1° le *fief* ou terre noble ; 2° la *censive* ou terre roturière ; 3° la *tenure servile* ; 4° l'*alleu* ou franc alleu, terre libre.

I. Le fief est une terre concédée par le seigneur à son vassal à charge de foi et d'hommage et de services nobles. Le vassal n'a pas la pleine propriété de cette terre ; il n'en obtient que le *domaine utile*, le concédant se réservant la (*seigneurie*) *directe* ou *domaine éminent*.

Le fief qui, à l'origine, constituait une concession personnelle et viagère, finit par devenir transmissible aux héritiers du vassal. Mais il ne faut pas se tromper sur la nature de cette transmission *mortis causa*. Au fond, l'idée féodale c'est qu'il y a une concession nouvelle faite par le seigneur à l'héritier du vassal ; cette concession, le seigneur ne la fera que moyennant le paiement d'une somme d'argent (1), qui constitue un véritable droit de mutation *mortis causa*, perçu non pas à titre de souveraineté, mais en qualité de propriétaire. On appelle ce droit de mutation le *relief*, parce

(1) Cette somme était équivalente, d'ordinaire, au revenu annuel du fief, du moins dans le droit postérieur. A l'origine, le taux du rachat était arbitraire, à la merci du seigneur. Voy. Loysel *Inst.*, 564 ss. ; Pothier, *Fiefs*, IIe partie, chap. 1.

que le seigneur relève au profit du nouveau vassal le fief tombé des mains du premier, ou le *rachat*, parce que l'héritier achète de nouveau la concession féodale.

Toutefois ces règles ne furent pas acceptées sans une vive résistance ; elles étaient en opposition avec la maxime : *le mort saisit le vif, son hoir plus proche et habile à lui succéder* (art. 318, Cout. de Paris). En vertu de cette fiction, le défunt lui-même était censé transmettre ses droits à son héritier ; dès lors, il n'aurait dû être question ni d'investiture seigneuriale, ni de relief. Aussi, peu à peu, les descendants finirent-ils par être dispensés, sinon de la prestation de la foi et de l'hommage, du moins des formalités de l'investiture et du paiement du relief (1). Mais les collatéraux ne furent jamais dispensés de l'investiture; au dix-huitième siècle, on leur faisait généralement une remise du tiers ou du quart sur le montant du droit de relief.

II. — Nous retrouvons la même théorie pour la transmission *mortis causa* de la *censive*. La censive est la terre concédée par le seigneur à charges de redevances et de services non nobles, et sous réserve du domaine éminent, le tenancier n'acquérant que le domaine utile.

La censive était héréditaire ; mais, à l'origine, le seigneur reprenait sa terre à la mort du censitaire et devait en saisir son héritier; ce dernier ne pouvait s'en mettre en possession qu'après cette formalité et en payant des droits de mutation, appelés *double cens* à raison du taux ordinaire, ou *relief*, *relevoison*, *rachat*. Dès le XIIIe siècle, on dispensa de l'investiture au moins les descendants;

(1) Loysel, 560 et 563; *Grand coutumier de France*, 2, 19 et 30.

le mort fut censé saisir lui-même son héritier et souvent le droit de mutation n'était point perçu (1).

III. — Les *tenures serviles* sont des terres concédées par le seigneur à des serfs ; ceux-ci n'acquéraient pas sur elles le domaine utile et, à la mort du serf, son tènement faisait retour au seigneur en vertu du droit de main-morte.

Cependant, peu à peu, le servage s'adoucit, le serf devint presque propriétaire de son tènement qu'il put transmettre à ses héritiers. L'hérédité s'introduisit d'abord pour les enfants du serf, vivant en commun avec lui (*en celle, à un même pain et pôt*) ; puis les autres parents succédèrent également. Mais les héritiers, même les descendants, dans certaines coutumes, durent payer au seigneur une redevance ou lui faire abandon d'une tête de bétail (2).

IV. — L'*alleu*, auquel nous arrivons, ne fait point partie du monde féodal. C'est la terre libre, celle qui ne relève d'aucun seigneur, et dont par suite, la transmission *mortis causa* ne peut donner lieu au paiement d'un droit de mutation.

On comprend sans peine que cette conception de l'alleu était en désaccord avec les idées du temps. Aussi, pendant tout le moyen âge, les seigneurs firent-ils des tentatives pour inféoder l'alleu; ils n'y réussirent pas. Mais les alleutiers, qui avaient échappé à la féodalité, succombèrent devant la royauté. Le Code Michaud (Ord. de 1629, art. 383) formule cette règle que tout héritage

(1) *Livre de Jostice*, 12, 5, 6 ; *Gr. cout. de Fr.*, p. 367 ; Boutillier, I, 84 ; Loysel, 547 ; Pothier, *Censives*, n° 65.

(2) Loysel, n° 95 : *Argent rachète mortemain.*

ne relevant d'aucun seigneur sera censé relever du roi. D'où la conséquence qu'en cas de vente ou d'aliénation en général, les droits de mutation étaient dus au roi (1).

Nous arrivons à cette conclusion que, s'il n'existait pas, à proprement parler, avant le XVIIIe siècle d'impôt sur les successions, en fait, l'organisation féodale de la propriété foncière avait entraîné l'établissement de taxes domaniales, qui constituaient de véritables droits de mutation par décès. Ces redevances féodales existaient encore en 1789 et elles n'ont été abolies que par la Révolution.

Le principe de cette abolition fut voté dans la nuit du 4 août 1789; mais la loi du 15-28 mars 1790 déclara simplement rachetables les droits féodaux censuels, qui étaient présumés être le prix de la concession du fonds. L'Assemblée législative fit un pas de plus : la loi du 25-28 août 1790 abolit sans indemnité les redevances seigneuriales, à moins que le seigneur ne prouvât (preuve à peu près impossible) qu'elles étaient la condition de la cession primitive du fonds. Enfin la Convention abolit purement et simplement toutes les redevances seigneuriales, et ordonna de brûler les titres des seigneurs.

La Révolution française a donc, on le voit, converti le droit imparfait des vassaux et des censitaires en une propriété pleine et entière; elle a fait revivre, après une éclipse de plusieurs siècles, le *dominium* romain. Mais si c'est là un fait juridique qui a une importance théo-

(1) Les pays allodiaux résistèrent énergiquement, mais ce fut en vain. Voy. l'édit d'août 1692. — Plus tard, quand on établit l'impôt du centième denier, les alleux furent formellement soumis au paiement de ce droit par la déclaration du 19 juillet 1704.

rique considérable, en pratique, il ne faut pas se laisser prendre au miroitement des mots. L'État ne peut plus nous réclamer, comme sous l'ancien régime, des profits féodaux, à raison de sa seigneurie directe ; il n'en perçoit pas moins, sans conteste, des droits de mutation par décès, absolument comme au moyen âge. Ces droits, sans aucun doute, ne correspondent pas aux taxes féodales, mais ils tirent leur origine d'un impôt qui existait déjà sous Louis XIV, le *centième denier*.

### § 2. — *Le centième denier*.

Deux ordonnances de 1539 et de 1566 organisèrent la formalité connue sous le nom d'*insinuation* qu'elles empruntaient au droit romain. L'insinuation, qui était exigée pour les donations et les substitutions, consistait dans la copie de l'acte de donation sur un registre particulier tenu au greffe de chaque bailliage ou sénéchaussée.

Dans un édit du mois de décembre 1703, Louis XIV assujettit à cette formalité toutes les mutations immobilières, entre vifs ou par décès, à titre gratuit ou à titre onéreux ; en même temps, il les soumit à un impôt spécial, le *centième denier*, qu'il présentait comme le salaire de l'insinuation (1).

Le centième denier consistait donc en un droit de 1 0/0 s'appliquant aux mutations immobilières de toute nature, notamment aux mutations par décès (2). Il était

(1) La législation sur cet impôt fut complétée par une déclaration du 19 juillet 1704 et par divers édits et arrêts de règlement.

(2) Les successions directes étaient, en principe, exemptées de l'impôt. Voy. sur ce point l'édit d'août 1706, complété par deux

ainsi au profit de la royauté ce que les droits de relief et de rachat étaient au profit des seigneurs. Mais les règles suivies pour la détermination de l'assiette de cet impôt et pour son recouvrement étaient, en général, plus rigoureuses que celles admises pour les profits féodaux.

D'une part, en effet, tandis que le montant du droit de relief était calculé sur le revenu net des fonds (1), le centième denier se liquidait sans déduction des dettes et charges (2). Tout au plus admettait-on la déduction des rentes foncières irrachetables qui, constituant, dans la théorie de notre ancien droit, un démembrement de la propriété, ne pouvaient guère être considérées comme une charge du fonds (3).

D'autre part, au cas de transmission de l'usufruit détaché de la nue propriété, on évaluait l'usufruit à la moitié de la valeur de la pleine propriété; on réclamait donc à l'usufruitier un demi-droit, et en outre le nu propriétaire devait néanmoins acquitter l'impôt sur la valeur entière de la propriété (4). Cette injustice n'était pas commise pour la perception des taxes seigneuriales; au cas de transmission d'un usufruit, il ne se produisait pas, en effet, de mutation de vassal ou de censitaire, car le nu propriétaire continuait à rester seul vassal ou sujet

déclarations royales de 1707 et de 1708. — Cf. Bosquet, v° *Succession et directe*.

(1) Eusèbe de Laurière, *Coutume de Paris*.

(2) C'est du moins l'opinion que la jurisprudence du Conseil du Roi réussit à faire triompher, en l'absence de textes. Cf. Serre, thèse de doctorat, 1890, p. 157; Quinion-Hubert, thèse de doctorat, 1893, p. 145; Audé, thèse de doctorat, 1896, p. 39; Bosquet, v° *Successions collatérales*, n° 4 et v° *Légitime*, in fine.

(3) Cf. Bosquet, v° *Charges foncières*, § 3.

(4) Bosquet, v° *Prix*, p. 188 et v° *Usufruit*, n° 7.

du seigneur concédant; par suite, aucun droit de mutation n'était dû (1).

Enfin, pour son recouvrement, l'impôt du centième denier donnait lieu à des abus déplorables. Les fermiers généraux qui prenaient la ferme de cet impôt moyennant une somme fixe payée à l'État, extorquaient ensuite au peuple beaucoup plus d'argent qu'ils n'en avaient versé eux-mêmes. Aussi cette législation soulevait-elle de vives plaintes (2), et, bien qu'elle eût été sensiblement améliorée par la suppression du système de la Ferme générale et la création de l'Administration générale des domaines (arrêt du Conseil du 9 janvier 1780), il était indispensable de mettre fin à tant de désordre et de confusion. C'est ce que fit la Révolution. La loi du 15-19 décembre 1790 a complètement modifié le système des impôts perçus au profit du Trésor royal. L'art. 1 de cette loi *abolit* tous les droits existants (droits de contrôle, centième denier, droits de greffe, etc.), et l'art. 2 les remplaça par deux classes de droits, l'une sur les *actes*, l'autre sur les *mutations de propriété*. Telle est encore la base du système qui existe aujourd'hui. Les autres dispositions de la loi de 1790 ont été modifiées par des lois

(1) Pocquet de Livonière, *Traité des fiefs*, liv. III, ch. VI, sect. 3. — Bien plus, le vassal qui, lors d'un décès, recueillait la nue propriété d'un fief grevé d'usufruit pouvait différer le paiement du relief jusqu'à la cessation de l'usufruit. Cf. Bosquet, v°, *Rachat* ou *relief*.

(2) V. notamment les remontrances de Malesherbes faites au Roi au nom de la Cour des aides, en 1775. — V. aussi Montesquieu, *Esprit des lois*, 1748, liv. XIII, ch. IX; Laplace, *Traité des droits seigneuriaux*; Necker, *Compte rendu au roi*, 1781; Dupin, *Extrait des instructions sur diverses questions relatives au droit de contrôle, d'insinuation et de centième denier*, 1787.

postérieures et en dernier lieu par la loi du 22 frimaire an VII qui a abrogé et refondu toutes les lois antérieures et qui constitue encore actuellement le Code fondamental de l'enregistrement (1).

(1) La loi du 22 frimaire an VII a cependant été modifiée par des lois assez nombreuses, mais seulement sur des points de détails et de tarifs. Voy. notamment, sur la question spéciale des mutations par décès ou sur des points communs, les lois du 6 prairial an VII, 27 ventôse an IX, 28 avril 1816, 16 juin 1824, 21 avril 1832, 18 mai 1850, 23 août 1871 et 21 juin 1875.

## CHAPITRE II

### Régime fiscal actuel.

Avant de passer à l'étude des projets de réforme tendant à modifier notre régime fiscal actuel en matière de succession, nous devons nécessairement indiquer, à grands traits, quel est ce régime et quels en sont les défauts.

#### SECTION I

##### EXPOSÉ DU RÉGIME FISCAL ACTUEL

Quels sont les tarifs actuellement en vigueur ? Sur quelles bases est établie l'assiette de l'impôt ? Et enfin de quelle façon s'opère le recouvrement des droits de mutation par décès ? Telles sont les trois questions que nous avons à résoudre ici ; nous consacrerons à chacune d'elles un paragraphe spécial.

§ 1er. — *Tarifs des droits de mutation par décès.*

1° *Caractère des tarifs.* — Les tarifs établis en matière de succession sont des *droits proportionnels*. L'impôt prélève toujours une même quote-part des biens héréditaires, quelle que soit l'importance de ces biens ; la quote-part prélevée ne s'élève pas à mesure que s'élève le capital successoral.

Mais, d'autre part, tout en demeurant proportionnel, l'impôt est gradué d'après le degré de parenté des successeurs ; il est plus fort pour les étrangers que pour les parents et, entre parents, il est plus élevé pour les collatéraux que pour les descendants ou ascendants.

2° *Quotité des tarifs.* — Les tarifs établis par la loi du 22 frimaire an VII ont été successivement augmentés. Aujourd'hui, la tarification est la suivante (décimes compris) :

| | |
|---|---|
| 1° En ligne directe. . . . . . . . . . . . . | 1,25 0/0 |
| 2° Entre époux. . . . . . . . . . . . . | 3,75 — |
| 3° Entre frères et sœurs, oncles et tantes, neveux et nièces . . . . . . . . . . . . . . . . | 8,125 — |
| 4° Entre grands oncles et grand'tantes, petits-neveux et petites-nièces, cousins germains . . . . . | 8,75 — |
| 5° Entre parents au delà du 4° degré . . . . . | 10 — |
| 6° Entre personnes non parentes. . . . . . . | 11,25 — |

## § 2. — *Assiette de l'impôt.*

Pour déterminer d'une façon précise l'assiette de l'impôt, nous devrons chercher : 1° quels biens sont soumis à l'impôt ; 2° d'après quelles règles se fait l'évaluation de ces biens ?

1° *Biens soumis à l'impôt.* — L'art. 4 de la loi de frimaire établit d'une manière générale le droit proportionnel « sur toute mutation de propriété, d'usufruit ou de jouissance de biens meubles et immeubles ..... par décès ».

Cette formule est extrêmement large et son application n'a donné lieu à aucune difficulté. Il n'y a pas à tenir compte de la nature mobilière ou immobilière de la succession, ni de la qualité des successeurs (1).

Il importe peu aussi, en principe, qu'il s'agisse de meubles corporels ou incorporels. Toutefois il est nécessaire de faire ici certaines précisions.

Tout d'abord, en ce qui concerne les droits litigieux, la perception de l'impôt est subordonnée à l'issue du procès. C'est là du moins la solution admise en pratique (2). De même les créances, dont le recouvrement est incertain, sont affranchies de l'impôt à la condition que l'héritier renonce expressément à en poursuivre le recouvrement (3).

Quant aux droits *conditionnels*, il faut distinguer (4). S'il s'agit d'un droit soumis à une condition suspensive, il paraît certain que l'impôt n'est pas dû, tant que la condition n'est pas remplie ; la raison en est que, *pendente conditione*, l'acte sous condition suspensive ne produit aucun effet. Au contraire, l'impôt est dû immédiatement s'il s'agit d'une mutation soumise à une condition résolutoire ; la raison en est que l'acte sous condition résolutoire existe et produit tous ses effets ; seulement si la condition prévue se réalise, l'obligation

(1) Sous l'empire de la loi de frimaire an VII les successions mobilières en ligne directe bénéficiaient d'un tarif de faveur. Cette inégalité de traitement a disparu depuis la loi du 18 mai 1850, art. 10.

(2) Demante, *Principes de l'enregistrement*, 1890 nos 389-390 ; Garnier, *Répertoire général de l'enregistrement*, 7e édit., vo *Action en justice et droits litigieux*, nos 65 à 71.

(3) D. m. f. du 12 août 1806 ; Garnier, *op. cit.*, vo *Succession*, no 926 ; Cass., 24 avril 1861.

(4) Garnier, *op. cit.*, vo *Succession*, no 451, vo *Résolution*, no 390.

est résolue, c'est-à-dire que tout sera remis au même état que si cette obligation n'avait jamais existé (1).

Les *rentes sur l'État français* étaient exemptées du droit proportionnel par l'art. 70 § 3 de la loi de frimaire. Cette immunité leur a été enlevée par la loi du 18 mai 1850, art. 7, al. 1.

Les *valeurs mobilières étrangères* échappaient également à l'impôt. Aujourd'hui toutes ces valeurs, quelles qu'elles soient, y sont assujetties : fonds d'États étrangers et actions des sociétés étrangères (loi du 18 mai 1850, art. 7, § 2), obligations de ces sociétés (loi du 13 mai 1863, art. 11), obligations des provinces et villes étrangères (loi du 23 août 1871, art. 3), etc.

Mentionnons enfin la disposition de l'art. 6 de la loi du 21 juin 1875, ainsi conçu : « Sont considérés, pour la perception du droit de mutation par décès, comme faisant partie de la succession d'un assuré, sous la réserve des droits de communauté, s'il en existe une, les sommes, rentes ou émoluments quelconques dus par l'assureur, à raison du décès de l'assuré. Les bénéficiaires à titre gratuit de ces sommes sont soumis aux droits de mutation, suivant la nature de leurs titres et leurs relations avec le défunt, conformément au droit commun. »

2° *Évaluation des biens.* — Le droit proportionnel établi par la loi du 22 frimaire an VII sur les mutations par décès « est assis sur les valeurs » (art. 4, *in fine*). La question se pose, dès lors, de savoir comment est déter-

(1) Sur ce point la législation fiscale est en désaccord avec les principes du droit civil (Code civ., art. 1183). En effet, l'art. 60 de la loi du 22 frimaire an VII formule cette règle que « tout droit perçu régulièrement ne pourra être restitué, quels que soient les événements ultérieurs ».

minée la *valeur* de la propriété et celle de l'usufruit des biens assujettis à l'impôt.

Le principe qui domine la matière est le suivant : la valeur de la succession est déterminée *sans déduction aucune du passif* (art. 14 et 15, loi frim. an VII) ; on calcule le montant de l'impôt sur l'actif successoral, sans tenir compte des dettes et charges héréditaires. La conséquence, c'est qu'on arrive à imposer des valeurs imaginaires, des successions négatives, des successions dont le passif est supérieur à l'actif. Aussi tout le monde s'accorde, ainsi que nous le verrons plus loin, à demander la disparition de nos lois de ce principe absolument injuste.

Cela posé, la détermination précise de la valeur des biens successoraux peut donner lieu, dans certains cas, à de sérieuses difficultés ; il importe ici de distinguer selon qu'il s'agit de meubles ou d'immeubles.

a) *En matière de meubles,* la loi du 22 frimaire an VII, art. 14, n° 8, s'en rapportait entièrement à la déclaration estimative des parties. Cette disposition, on le comprend. sans peine, facilitait singulièrement la fraude, l'administration n'ayant guère aucun moyen pratique pour contrôler l'exactitude des déclarations à elle faites (1) La loi du 21 juin 1875 (art. 3) est venue fort heureusement modifier ce régime ; aujourd'hui, la valeur des meubles est déterminée, soit « par l'estimation contenue dans les inventaires ou autres actes passés dans les deux

(1) L'administration ne peut pas, en effet, demander l'*expertise* des meubles, car les art. 17, 18 et 19 de la loi de frim. an VII n'autorisent ce mode de preuve qu'en matière d'immeubles. Elle peut seulement user de la plupart des moyens de preuve du droit commun, dont elle dispose d'une manière générale.

années du décès », soit « par le prix exprimé dans les actes de vente, lorsque cette vente a eu lieu publiquement et dans les deux années qui suivent le décès ». C'est seulement à défaut d'inventaire, d'actes ou de vente que l'on se réfère à la déclaration estimative des parties.

En ce qui concerne les meubles *incorporels*, l'assiette de l'impôt est déterminée de la manière suivante :

La valeur de l'usufruit établi sur un meuble est estimée à « la moitié de la valeur entière de l'objet » (loi du 22 frim. an VII, art. 14, § 11). La valeur des *créances exigibles* est fixée au capital exprimé dans le titre (loi frim., art. 14, § 2) (1).

Les fonds publics, actions et obligations, parts d'intérêts, sont évalués au cours moyen de la Bourse au jour de la mutation, s'il s'agit de valeurs admises à la cote officielle (2), et d'après la déclaration estimative des parties, s'il s'agit de valeurs non cotées.

Enfin, en ce qui concerne les créances non exigibles, la matière imposable est établie : pour les *rentes perpétuelles*, créées avec expression de capital, par le capital constitué (loi frim., art. 14, § 7) ; pour celles formées sans expression de capital, à raison d'un capital formé de vingt fois la rente (art. 14, § 9) ; pour les *rentes viagères* et les pensions, le capital est formé de dix fois la rente ou la pension (3).

(1) Nous avons vu toutefois que, sous certaines conditions, l'impôt n'est pas perçu à raison des créances contre un débiteur notoirement insolvable. Cass., 24 avril 1861.

(2) Cependant, si les valeurs ne sont pas entièrement libérées, il faudra déduire du montant nominal du cours, le chiffre des versements restant à faire.

(3) Si les rentes et pensions ont été stipulées payables en nature,

b) *En matière d'immeubles*, l'assiette de l'impôt est déterminée d'après les règles suivantes :

1° Pour les transmissions de propriété, « par l'évaluation qui en sera portée à vingt fois le produit des biens ou le prix des baux courants, sans distraction des charges » (loi frim. an VII, art. 15, § 7).

2° Pour les transmissions d'usufruit, « par l'évaluation qui en sera portée à dix fois le produit des biens ou le prix des baux courants, aussi sans distraction des charges » (*Ibid.*, § 8). Ceci revient donc à dire que l'usufruit des immeubles est évalué comme celui des meubles, à la moitié de la pleine propriété.

Les règles précédentes étaient appliquées par la loi de frimaire an VII, sans distinction entre les immeubles urbains et les immeubles ruraux. Mais, en ce qui concerne ces derniers, la loi du 21 juin 1875, art. 2, a modifié le coefficient d'évaluation et a prescrit de capitaliser le revenu des immeubles ruraux par 25 pour la propriété et 12 1/2 pour l'usufruit (1).

3° *Recouvrement de l'impôt.* — Pour assurer la perception des droits de mutation par décès, le législateur exige qu'il soit fait à chacun des bureaux d'enregistrement de la situation des biens héréditaires la déclara-

l'impôt est établi sur les mêmes capitaux, après estimation des objets d'après les dernières mercuriales (année commune) du marché le plus voisin (loi frim., art. 14, § 9; loi du 15 mai 1818). — On forme l'année commune d'après les quatorze dernières années antérieures à la mutation; on retranche les deux plus fortes et les deux plus faibles : l'année commune est calculée sur les dix années restantes.

(1) Le caractère urbain ou rural d'un immeuble est déterminé par sa principale destination; en d'autres termes, il faut s'attacher à la nature et non pas à la situation du fonds.

tion de l'ouverture de la succession. Nous allons examiner les questions qui se rattachent à l'accomplissement de cette formalité; nous étudierons ensuite les règles relatives au paiement de l'impôt.

1° *Déclaration des successions.* — « Les déclarations de mutations par décès sont établies sur des formules fournies gratuitement par l'administration. Elles sont signées par les héritiers, donataires ou légataires, leurs tuteurs ou curateurs » (loi du 6 décembre 1897, art. 11). Cette déclaration doit être faite dans des délais déterminés par la loi (1). Elle doit contenir des indications précises sur les noms et domicile du défunt et des héritiers, sur le lieu et la date du décès, sur le degré de parenté des successibles par rapport au *de cujus*, sur les testaments, ventes de meubles et inventaires qui ont pu être faits, sur le prix des baux courants, etc. Elle doit être détaillée s'il s'agit d'immeubles et, à défaut d'inventaire, accompagnée d'un état estimatif, article par article, s'il s'agit de meubles (loi du 22 frim. an VII, art. 27).

Quant au bureau où doit être reçue la déclaration, c'est, pour les immeubles, celui de la situation des biens, et pour les meubles, celui dans l'arrondissement duquel ils se sont trouvés au décès du *de cujus*, sauf une exception en ce qui touche les rentes et autres biens meubles sans assiette déterminée qui doivent être déclarés au bureau du domicile du défunt (loi frim., art. 27).

2° *Paiement des droits.* — *a*) L'impôt sur les mutations

(1) Ces délais sont : de six mois à compter du jour du décès, lorsque le *de cujus* est décédé en France; de huit mois, s'il est décédé dans toute autre partie de l'Europe; d'une année s'il est mort en Amérique; et de deux années, s'il est mort en Afrique ou en Asie.

par décès doit être payé au moment où les héritiers, donataires et légataires font la déclaration de succession requise par l'art. 27 de la loi de frim. an VII, et au bureau de l'enregistrement où est reçue cette déclaration. C'est ce qui résulte de l'art. 28, al. 1 de la loi de frimaire, et l'article ajoute : « Nul ne pourra en atténuer, ni différer le paiement, sous le prétexte de contestation sur la quotité, ni pour quelque autre motif que ce soit, sauf à se pourvoir en restitution s'il y a lieu. »

b) *Débiteurs de l'impôt.* — « Les droits des déclarations de mutations par décès, dit l'art. 32, al. 1 de la loi de frimaire seront payés par les héritiers, donataires ou légataires. Les cohéritiers seront solidaires ».

La loi, on le voit, établit la *solidarité* entre tous les *héritiers* du *de cujus.* La Régie a donc action pour demander à chaque héritier le montant total des droits à payer pour toute la succession, sauf à l'héritier poursuivi à exercer un recours contre les autres débiteurs de l'impôt; si ces derniers sont insolvables, c'est lui qui en supportera les conséquences.

Mais l'art. 32 n'établit la solidarité qu'entre les héritiers, c'est-à-dire entre les successibles à qui est accordée la saisine héréditaire à raison de leur parenté légitime ou naturelle (1) avec le défunt. Par conséquent, les donataires et les légataires ne sont point, en principe, codébiteurs solidaires de l'impôt, de même, le nu propriétaire et l'usufruitier; ils ne peuvent donc être poursuivis que proportionnellement au bénéfice recueilli par chacun d'eux.

c) *Garanties du Trésor.* — Outre la garantie résul-

(1) Les enfants naturels ne sont héritiers que depuis la loi du 25 mars 1896.

tant de la solidarité établie entre les héritiers du *de cujus*, la Régie a une action réelle sur le revenu des biens à déclarer. L'art. 32, al. 2 de la loi du 22 frimaire an VII est, en effet, ainsi conçu : « La nation aura action sur les revenus des biens à déclarer, en quelques mains qu'ils se trouvent, pour le paiement des droits dont il faudrait poursuivre le recouvrement ».

Ce texte accorde donc à la Régie un droit de suite ; il faut en conclure qu'elle jouit également d'un droit de préférence. Le premier, en effet, n'est accordé, d'une manière générale, qu'aux seuls créanciers qui possèdent le second. Juridiquement, il est impossible de concevoir un droit de suite qui ne soit pas doublé d'un droit de préférence ; un pareil droit serait une garantie illusoire et ne servirait à rien au créancier. On doit donc admettre que la Régie a un droit de préférence et un droit de suite, c'est-à-dire un privilège sur le revenu des biens héréditaires pour le paiement des droits de mutation par décès (1).

Mais l'administration a prétendu aller beaucoup plus loin. Elle a soutenu qu'elle avait un privilège sur le capital des biens faisant partie de la succession et qu'elle devait être préférée à tous autres créanciers pour la perception des droits de mutation par décès. Elle invoquait les travaux préparatoires de la loi (2) et aussi les tradi-

(1) Demante, *Principes de l'enregistrement*, 1890, t. II, p. 369 ; Audé, *op. cit.*, p. 60.

Il y a cependant une restriction au droit de suite : un avis du Conseil d'État, rendu les 4-21 septembre 1810, ayant force de loi, a décidé que l'action accordée par l'art. 32, loi 22 frim. ne peut être exercé au préjudice des tiers acquéreurs. Garnier, *op. cit.*, v° Succession, n° 1433.

(2) Crétet, au Conseil des Cinq Cents, le 17 brumaire an VII, a

tions de notre ancien droit, où le seigneur était privilégié pour le paiement des taxes féodales et le roi pour le centième denier; elle argumentait enfin du principe de la non distraction des charges : ce principe signifie, disait-elle, que les biens sont affectés à l'acquittement des droits sans qu'il y ait à tenir compte des dettes, autrement dit, que le Trésor doit primer tous les créanciers.

Cette théorie aboutissait à reconnaître à l'État un droit supérieur sur la propriété privée, à perpétuer, dans notre législation moderne, la distinction du domaine éminent et du domaine utile, avec toutes ses conséquences. La Cour de cassation l'a bien compris et elle a écarté ces prétentions par quatre arrêts du 23 juin 1857, rendus sur les conclusions du conseiller rapporteur Laborie (1). La Régie a, depuis, abandonné la lutte (2).

d) *Pénalités.* — Afin d'assurer la perception régulière des droits de mutation par décès, le législateur a édicté des pénalités très sévères pour le cas où les prescriptions de la loi n'auraient pas été observées.

La peine est d'un droit en sus pour les testaments non enregistrés dans les délais (loi frim. an VII, art. 38), et d'un demi-droit en sus pour les déclarations faites tar-

défini le droit de mutation « un retranchement sur les capitaux transmis ». Le grand Juge, ministre de la justice, a dit encore plus formellement, quelques années plus tard : « La nation ne réclame pas comme créancière, mais plutôt comme *portionnaire* d'une partie de la succession. C'est un prélèvement que la loi lui adjuge dans cette circonstance » (Lettre en forme de décision du 23 nivôse an XII).

(1) D., 57, 1, 253; S., 57, 1, 401. — La jurisprudence avait d'abord admis l'interprétation de l'Administration. V. Cass., 3 déc. 1839 et 28 juillet 1851 ; Paris, 13 mars 1855.

(2) Instr. gén., n° 2114, § 8.

divement (*Ibid.*, art. 39). En outre, toute omission d'objets à déclarer et toute insuffisance dans leur estimation donnent lieu à la perception d'un double droit (*Ibid.*, art. 39) (1).

e) *Prescription des droits et amendes.* — Les droits et amendes se prescrivent :

1° Par deux années, à compter du jour de l'enregistrement, s'il s'agit d'un supplément de perception insuffisamment faite ou d'une fausse évaluation dans une déclaration (loi frim., art. 61, al. 1), ou encore, des droits en sus et amendes (loi 16 juin 1824, art. 14);

2° Par cinq années, aussi à compter du jour de l'enregistrement, s'il s'agit d'une omission quelconque de biens dans une déclaration (loi frim., art. 61, al. 2 et loi 18 mai 1850, art. 11) ;

3° Par dix années, à compter du jour du décès, s'il s'agit de successions non déclarées (loi frim., art. 61, al. 3 et loi 18 mai 1850, art. 11) (2) ;

4° Enfin, à défaut de texte, la prescription de trente ans, c'est-à-dire celle de droit commun (art. 2262 C. civ.), s'applique aux droits simples dus sur les testaments non présentés à l'enregistrement.

f) *Des restitutions et des déchéances.* — Le remboursement total ou partiel de l'impôt peut être exigé toutes

(1) S'il s'agit d'une mutation opérée au profit d'un mineur ou d'un interdit, les peines ci-dessus sont applicables personnellement aux tuteurs et aux curateurs déclarants (loi an VII, art. 39, §§ 2 et 4).

(2) Toutefois la prescription est de trente ans, en matière de rentes sur l'État, pour les peines encourues en cas de retard ou d'omission de ces valeurs dans les déclarations souscrites par les héritiers et légataires (loi 8 juillet 1852, art. 26).

les fois que les droits n'étaient pas dus, ce qui a lieu notamment dans le cas où la Régie a commis des erreurs matérielles dans le calcul de la quotité de l'impôt.

Mais, pour qu'il y ait lieu à restitution, il faut que les droits aient été irrégulièrement perçus. Si, à l'origine, la perception a été régulière, c'est-à-dire faite conformément à la loi et aux tarifs, aucun événement ultérieur, quel qu'il soit, ne peut en modifier le caractère et donner naissance à une action en restitution (1). C'est ce que déclare l'art. 60 de la loi du 22 frim. an VII, ainsi conçu : « Tout droit d'enregistrement perçu régulièrement, en conformité de la présente, ne pourra être restitué, quels que soient les événements ultérieurs, sauf les cas prévus par la présente » (2).

Lorsque l'on ne se trouve pas dans la sphère d'application de cet article, les contribuables ont droit à la restitution des impôts indûment perçus. Ce droit constituant une créance contre l'État, on devrait en conclure qu'il faut appliquer à l'action qui le sanctionne la théorie de la déchéance quinquennale organisée au profit de

(1) Une proposition de loi ayant pour but d'atténuer ce principe trop rigoureux a été déposée sur le bureau du Sénat; elle n'a pas encore abouti. Voy. le rapport de M. A. Bisseuil au nom de la commission du Sénat (séance du 3 mars 1899).

(2) Les cas exceptionnels auxquels l'article fait allusion sont prévus par les art. 48 et 69, § 3 n° 3 de la loi du 22 frimaire an VII; ils se résument dans un seul : celui d'une seconde perception sur un titre précédemment enregistré.

Autres cas de restitution prévus par la loi : réformation en appel d'un jugement prononçant une adjudication; retour d'un absent (loi 28 avril 1816, art. 40); expropriation, acquisition amiable (loi 3 mai 1841, art. 58); transmission d'office non suivie d'effet ou réduction de prix par la chancellerie (25 juin 1841, art. 7 et 13).

l'État par la loi de finances du 29 janvier 1831 (art. 9). Mais ici, nous nous trouvons en présence d'un texte spécial, l'art. 61 de la loi du 22 frimaire an VII, qui établit à l'encontre des redevables une prescription de deux ans pour la réclamation des sommes indûment perçues; il y a lieu dès lors d'appliquer ce texte, sans tenir compte de la disposition générale de la loi de 1831 qui ne l'a certainement pas abrogé.

## SECTION II

### CRITIQUE DU RÉGIME FISCAL ACTUEL

Adoptant le plan précédemment suivi, nous allons indiquer rapidement les défauts que présente à nos yeux notre législation fiscale actuelle en matière de succession, et aussi, d'une manière générale, les principales critiques qui lui ont été adressées, soit au point de vue de la question des tarifs, soit au point de vue de la détermination de l'assiette de l'impôt et des mesures prises pour en assurer le recouvrement.

I. *Tarifs.* — La tarification actuellement en vigueur a été très vivement attaquée, à la fois à raison de son caractère proportionnel et à raison du taux de la taxation.

Nous verrons, dans la seconde partie de cette étude, que plusieurs propositions de loi ont été déposées au Parlement dans le but de substituer au tarif proportionnel actuellement en vigueur un tarif progressif. Nous examinerons plus loin les argumentations qui ont été produites en faveur de cette réforme; disons seulement ici que, pour notre part, nous ne serions pas éloigné d'admettre, en principe, un impôt très légèrement progressif. On arriverait par ce moyen, croyons-nous, à répartir plus équitablement la charge de l'impôt entre les citoyens; les fortes successions procurant plus de ressources à l'État qu'elles ne le font aujourd'hui, on pourrait dégrever, dans une certaine mesure, les petites successions qui supportent actuellement un fardeau bien lourd.

II. *Assiette de l'impôt.* — Arrivant maintenant aux difficultés qui se rattachent à la fixation de la matière imposable, voici trois critiques, d'une importance capitale, que l'on ne cesse depuis près d'un siècle de faire à notre législation : la première a trait au principe de la non-distraction du passif, la seconde au mode d'évaluation des biens héréditaires, et la troisième à l'évaluation de la nue propriété et de l'usufruit. Disons tout de suite que ces trois critiques sont absolument fondées.

1° *Distraction du passif.* — « Rien n'égale, dit M. Paul Leroy-Beaulieu (1), comme excès de pouvoir et comme outrage à la justice, l'usage suivi par le fisc en France de taxer les successions sans en déduire les dettes. Il est impossible de voir un plus monstrueux abus de la force publique. »

Les partisans de la loi de frimaire ont essayé parfois de justifier ce principe par des motifs juridiques. Ainsi l'on a mis en avant cette idée que le fisc frappait le fait même de la transmission de la chose, abstraction faite par conséquent des charges qui la grèvent; mais qui ne voit que, s'il en était ainsi, l'impôt devrait être le même, quels que soient les liens qui unissaient le successible au défunt?

(1) *Traité de la science des finances*, 5e éd., 1892, t. I, p. 516. — Cf. Demante, *Principe de l'enregistrement*, 1890, t. II, p. 233.

On a dit encore, avant la loi du 18 mai 1850, c'est-à-dire à l'époque où les meubles étaient plus faiblement imposés que les immeubles, on a dit que cette immunité partielle était accordée aux meubles précisément pour atténuer les effets rigoureux de la non-déduction du passif : « il y avait là une sorte d'abonnement englobant tout ensemble inégalités et compensations ». Cette argumentation, qui d'ailleurs n'avait pas de valeur, ne peut plus être produite depuis que les successions mobilières et immobilières sont soumises aux mêmes droits.

Aujourd'hui, on a laissé de côté toutes ces considérations théoriques et l'on se contente d'invoquer les nécessités pratiques. Mais, même sur ce terrain, on n'a pas pu réussir à faire admettre par le public une législation qui blesse aussi ouvertement l'équité. Sans doute, le principe de la déduction des dettes est de nature à entraîner de réelles difficultés d'exécution; cependant ces difficultés ne sont pas insurmontables, et la preuve en est que, dans la plupart des pays étrangers, la distraction des charges est admise dans une très large mesure (1). Il suffit d'exiger que la dette que l'on prétend déduire de l'actif successoral soit prouvée par un moyen quelconque, par exemple par un titre susceptible de faire preuve en justice contre le défunt, ou encore, s'il s'agit

(1) Il y a mieux : en France même, une ordonnance du 31 décembre 1828, qui introduisit l'impôt de l'enregistrement dans la Guyane française, décide que pour les transmissions entre vifs à titre gratuit et celles qui s'opèrent par décès, la valeur de la propriété est déterminée « par la déclaration estimative des parties, sans distraction des charges, à l'exception seulement de celles qui seraient établies par titres authentiques ou ayant date certaine antérieure au décès ».

d'une dette commerciale, par ses livres de commerce. Il est donc inutile de s'attarder à démontrer la nécessité et la possibilité d'une réforme sur ce premier point.

2° *Évaluation des biens héréditaires.* — On sait qu'en vertu des art. 15, n° 7 de la loi du 22 frimaire an VII et 2 de la loi du 21 juin 1875, la valeur des immeubles héréditaires est déterminée, pour la liquidation et le paiement du droit proportionnel, par l'évaluation qui sera faite pour les immeubles urbains à vingt fois et pour les immeubles ruraux à vingt-cinq fois le produit des biens ou le prix des baux courants.

Cette disposition a soulevé de vives critiques qui nous paraissent justifiées. Il serait préférable, à notre avis, de faire reposer la taxe sur la valeur vraie de l'immeuble, sur sa valeur vénale et non sur une valeur arbitraire fixée à forfait.

Nous ne faisons d'ailleurs qu'indiquer ce point. Nous étudierons la question d'une façon complète dans notre seconde partie et nous discuterons alors les arguments qui ont été produits en faveur de la législation actuelle.

3° *Évaluation de l'usufruit et de la nue propriété.* — Nous avons vu que lorsque l'usufruit et la nue propriété d'un bien sont attribués distinctement à des héritiers ou à des légataires, la loi du 22 frimaire an VII fait payer un droit entier au nu propriétaire et en outre, un demi-droit à l'usufruitier.

On aboutit ainsi à faire de l'impôt un instrument de spoliation. Si l'usufruitier est jeune et le nu-propriétaire âgé, ce dernier aura certainement tout avantage à refuser la succession, puisqu'on l'oblige à payer, dans les six mois du décès, un impôt très élevé à raison d'un bien dont il ne jouira sans doute jamais. D'autre part, que dire du système qui consiste à évaluer uniformément l'usufruit à la moitié de la valeur de la pleine propriété? Peut-on rien imaginer de plus injuste? La valeur d'un usufruit dépend essentiellement de l'âge de son titulaire; il est donc inadmissible de la fixer à un chiffre uniforme et arbitraire. Sans doute, à raison de l'incertitude de la durée de la vie humaine, il est impossible d'apprécier d'une façon exacte la valeur de la jouissance conférée à l'usufruitier; cependant, on est arrivé aujourd'hui à dresser des *tables de mortalité* qui servent de base aux opérations des compagnies d'assurance et qui présentent, d'une façon très satisfaisante, les chances de vie que l'on a aux différents âges. Rien ne s'oppose donc à ce que l'on réforme la législation de frimaire sur le point qui nous occupe.

III. *Recouvrement de l'impôt.* — Enfin, en ce qui touche les règles posées pour le recouvrement de l'impôt, on peut relever dans notre législation quelques imperfections de détail. On peut critiquer notamment :

1° Le délai de six mois seulement pour le paiement des droits de mutation, ce qui oblige les héritiers et légataires à avancer des sommes qu'il leur est souvent difficile de se procurer;

2° La distinction surannée entre le principal et les décimes (1), etc.

(1) Cette distinction se justifierait s'il s'agissait de taxes supplémentaires, ayant un caractère provisoire et accidentel, et dont on voudrait faciliter la suppression sans qu'il fût besoin de remanier les tarifs. Mais tout le monde sait que les décimes et centimes additionnels constituent un second impôt ajouté au principal et destiné à durer infiniment. Il y a là une duperie indigne de la loi. — Cf. Boudenoot, article dans la *Revue pol. et parl.*, juillet 1894.

Nous n'insisterons pas sur ces critiques; elles ne s'attaquent pas, en effet, aux principes et n'ont, par suite, que l'importance d'un détail.

---

# DEUXIÈME PARTIE

## Les projets de réforme

Dans la première partie de cette étude, nous avons essayé de donner un aperçu aussi exact que possible de notre législation fiscale actuelle en matière de successions, et nous nous sommes efforcé de montrer les graves imperfections qu'on pouvait y relever. Arrivant maintenant à la partie la plus importante de ce travail, nous consacrerons les développements qui vont suivre à l'examen critique des différents projets de réforme qui ont été soumis au Parlement au cours de ce siècle.

Dans un chapitre premier, faisant un rapide exposé historique de la question, nous réunirons dans une vue d'ensemble les divers projets ou propositions de loi déposés depuis 1819 jusqu'à nos jours, dans le but de remédier aux vices d'une législation mal conçue. Ces projets de réforme s'attachent principalement les uns à la question de la déduction du passif, les autres à la question de la progressivité de l'impôt et à celle de l'évaluation de l'usufruit. Nous insisterons plus spécialement sur les propositions de loi qui ont été présentées dans ces dernières années et nous terminerons en indiquant la situation actuelle de la réforme qui est toujours à l'étude devant le Parlement.

Passant ensuite à l'examen comparatif de ces divers

projets, nous étudierons, dans un chapitre second, les principales réformes qu'ils consacrent et nous indiquerons, sur chaque point, les solutions qui nous paraissent les plus rationnelles.

---

## CHAPITRE PREMIER

### **Aperçu historique** (1).

---

1° *Première tentative de réforme* (1819). — Dès 1819, le premier assaut était donné au principe de la non-déduction du passif. Le baron Louis, ministre des finances d'alors et l'un des plus grands financiers de ce siècle, chargea une Commission, composée de sept membres choisis dans le haut personnel de l'Enregistrement, d'examiner la question de la déduction des dettes.

Cette Commission rédigea un projet qui consacrait la distraction du passif hypothécaire (séance du 10 septembre 1819). Le projet demeura sans suite.

2° *Amendement de M. Dérodé* (1849). — Le 30 janvier 1849, M. Dérodé, représentant du peuple, soumettait à l'Assemblée nationale un amendement aux termes duquel « les droits d'enregistrement devaient à l'avenir être fixés d'après le chiffre net de l'actif, déduction faite du passif ». Cet amendement combattu par M. Hippolyte Passy, ministre des finances, fut repoussé par l'Assemblée.

3° *Proposition de loi de M. Crémieux* (1849). — La

(1) Cf. Exposé des motifs du projet de loi du 24 juillet 1894, Chambre, *Doc. parl.* 1894, t. II, p. 1242 ss. ; Sauty, *op. cit.*, p. 49 ss.

question fut reprise par M. Crémieux, représentant du peuple, qui déposa, le 15 novembre 1849, une proposition de loi ainsi conçue : « Les droits ne sont plus dus que sur l'actif net des successions. Pour composer l'actif net, l'héritier, dans sa déclaration, déduit en les énonçant les dettes hypothécaires, celles qui résultent soit de jugements, soit d'actes authentiques, soit d'actes sous seings privés enregistrés; celles qui sont constatées par des actes non enregistrés, mais ayant date certaine, et qui devront être enregistrés en même temps que la déclaration ».

M. Crémieux demandait, en outre, la révision des tarifs et l'établissement de droits progressifs. La progression proposée était la suivante : de 3 0/0 à 12 0/0 pour les successions égales ou inférieures à 20.000 fr. ; de 4 0/0 à 14 0/0, depuis 20.000 fr. jusqu'à 100.000 fr.; de 5 0/0 à 15 0/0, depuis 100.000 fr. jusqu'à 300.000 fr.; enfin de 6 0/0 à 16 0/0 à partir de 300.000 fr.

Ce projet ne pouvait guère réussir à l'époque. L'Assemblée nationale, en effet, avait condamné formellement et d'une manière générale, le 31 octobre 1848, le principe de l'impôt progressif. D'autre part, la Commission d'initiative parlementaire déclara que la déduction du passif était une réforme impraticable. La motion de M. Crémieux fut donc repoussée.

4° *Projet du Gouvernement* (1864). — La question fut reprise en 1864. Le Gouvernement déposa un projet de loi prescrivant la déduction des dettes hypothécaires inscrites et ayant pour objet une créance certaine et déterminée au jour de l'ouverture de la succession.

Ce projet décidait, en outre, que l'impôt serait perçu

sur la valeur vénale des immeubles héréditaires et non plus sur une valeur conventionnelle obtenue par la capitalisation du revenu. Cette disposition, qui paraissait à son auteur le corollaire nécessaire de la déduction du passif, fit échouer le projet.

5° *Pétitions et vœu de la Commission de l'enquête agricole* (1869-1870). — La déduction du passif continua à préoccuper l'opinion et fit l'objet de nombreuses pétitions au Sénat et de vœux exprimés presque unanimement au cours de l'enquête agricole. La question fut discutée au Sénat dans les séances des 18 mars, 23 avril et jours suivants; la déduction du passif fut défendue avec talent par M. La Caze qui présenta d'une façon très exacte, les raisons pour lesquelles cette réforme doit être considérée comme nécessaire.

Le projet fut renvoyé au Gouvernement, afin que ce dernier pût étudier les mesures propres à compenser la perte que la déduction des dettes ferait subir au Trésor. La discussion n'eut pas d'autres suites.

6° *Amendements et propositions diverses de* 1870 *à* 1886. — Après 1870 et malgré les énormes charges créées par la dernière guerre, de nombreux amendements et projets de loi sont déposés au Parlement en faveur de la déduction du passif. Citons notamment la proposition de M. Folliet (1871), l'amendement de M. Méline (1873), la proposition de loi et l'amendement de M. Sebert (1874-1875), celle de M. Cherpin (1876), les amendements de M. Gasté (1876-1880), la proposition de M. Pieyre (1883), l'amendement de M. Raoul Duval (1886).

En outre, en 1876, le Gouvernement avait cru devoir confier l'examen de la question à une Commission extra-parlementaire présidée par le Ministre des finances, M. Léon Say. A la suite des événements politiques de cette époque, la Commission dut interrompre ses travaux.

7° *Amendement de M. Duché, député* (1886-1887). — M. Duché et plusieurs de ses collègues déposèrent, le 25 mai 1886, une nouvelle proposition, sous forme d'amendement à la loi du budget de 1887. « Le droit de succession se perçoit, était-il dit dans cette proposition, sur le montant de ce que chacun recueille ou acquiert, déduction faite de la part qu'il doit supporter dans les dettes à la charge de l'héritage ».

L'impôt, on le voit, au lieu d'être calculé, comme dans les projets précédents, sur l'ensemble de l'actif de la succession, était assis sur chacune des parts héréditaires considérées isolément. Cette réforme était liée, dans la proposition, à l'établissement d'un tarif gradué d'après l'importance de chaque part. Cet amendement fut repoussé par la commission du budget.

8° *Proposition et amendement de M. Borie, député* (1887-1888). — Le 9 juin 1887, M. Borie, député, avait déposé de son côté, sans réussir à la faire prendre en considération, une proposition tendant également à la réforme de la déduction du passif. Cette proposition consacrait la substitution de la valeur vénale au revenu capitalisé et la déduction des dettes hypothécaires ou chirographaires dont l'existence serait établie par des actes authentiques ou par des actes sous seings privés ayant acquis date certaine un an au moins avant le décès.

9° *Projet de la Commission du budget de l'exercice* 1888. — La proposition de M. Borie fut reprise par son auteur comme amendement au budget de 1888. La Commission du budget se trouvait déjà saisie, d'autre part, de l'amendement de M. Duché consacrant également la double réforme de la tarification progressive et de la déduction du passif.

Le rapporteur de la Commission, M. Yves Guyot, proposa à la Chambre l'adoption de ces deux innovations sur des bases un peu différentes de celles proposées par MM. Duché et Borie. La réforme fut encore repoussée.

10° *Projet du Gouvernement* (1888). — Cependant le Gouvernement se décida enfin à charger l'administration de l'Enregistrement d'examiner et de préparer les bases d'un projet de loi. Une Commission extra-parlementaire, présidée par M. le sénateur Boulanger, ancien directeur général de l'Enregistrement, adopta le principe de la déduction du passif. Le projet fut déposé sur le bureau de la Chambre le 27 mars 1888 par M. Tirard, ministre des finances, mais il ne put être discuté avant l'expiration des pouvoirs de la Chambre.

11° *Projet du Gouvernement* (1889). — Dès le début de la nouvelle législature, le projet fut repris intégralement par le ministre des finances, M. Rouvier. Le 27 mars 1890, M. Jamais présenta, au nom de la Commission spéciale chargée d'examiner ce projet, un rapport tout à fait favorable aux réformes proposées par le Gouvernement.

La Commission adoptait notamment le principe de la substitution de la valeur vénale des biens héréditaires au revenu capitalisé. Toutefois, elle refusait au contribuable le droit d'option que le projet lui accordait et n'acceptait pas le rehaussement du taux de capitalisation des immeubles ruraux.

Le projet ainsi amendé fut voté par la Chambre des députés le 12 mars 1891. Divers orateurs demandèrent dans cette séance l'adjonction de la réforme relative à la nue propriété et à l'usufruit, la suppression de l'hérédité au delà du 5e degré et l'établissement d'un tarif progressif. La Chambre réserva l'examen de ces questions pour une deuxième délibération.

Un second rapport complémentaire fut déposé, au nom de la Commission, le 4 juillet 1892, par M. Boudenoot. Le nouveau rapporteur admettait d'une façon plus large la réforme de la déduction du passif et posait le principe d'un nouveau mode d'évaluation de la nue propriété et de l'usufruit.

12° *Proposition de M. Maujan, député* (1891. — De son côté, M. Maujan, député, avait déposé, le 13 mai 1891, une proposition de remaniement général de l'impôt. Le titre III de cette proposition, consacré aux droits de mutation par décès, exigeait la déduction des dettes ayant acquis date certaine avant le décès du *de cujus*. En outre, M. Maujan supprimait l'hérédité au delà du 4e degré et établissait un tarif gradué selon le degré de parenté et l'importance des successions (1).

Le rapport sur cette partie de la proposition de M. Maujan fut déposé, au nom de la Commission, le 9 juillet 1892, par M. Dupuy-Dutemps. Ce rapport, qui ne put venir en discussion, se ralliait à peu près complètement aux propositions de M. Maujan. Il y ajoutait la réforme relative au mode d'évaluation de l'usufruit et de la nue propriété.

(1) Ce tarif, variant entre 50 centimes et 20 pour 100 du capital successoral, devait être fixé pour cinq ans par la loi du budget.

Tel était l'état de la question lorsque prit fin la 5e législature. Il nous reste maintenant à analyser, en y insistant un peu plus longuement, les diverses propositions de loi qui ont été déposées depuis cette époque ; venues après toute une série de tentatives analogues, elles sont en quelque sorte la résultante de tous les travaux parlementaires faits au cours de ce siècle et, à ce titre, elles méritent de faire l'objet d'une étude attentive.

1° *Proposition de M. Dupuy Dutemps, député* (25 novembre 1893) (1). — Dès le début de la 6e législature, M. Dupuy-Dutemps reprit, sous forme de proposition de loi, les conclusions du rapport qu'il avait déposé sous la précédente législature au nom de la Commission de la réforme de l'impôt et dont la discussion n'avait pu avoir lieu.

Cette proposition avait pour but « de modifier le régime des successions et d'établir un impôt gradué sur les acquisitions à titre gratuit, soit entre vifs, soit par suite de décès » ; elle n'était donc pas spéciale à la matière des successions.

L'originalité de ce projet consistait, indépendamment des réformes proposées, dans la codification des textes législatifs sur les impôts affectant les donations et les successions. Voici quelles en étaient les grandes lignes :

1° Abrogation de l'art. 755 du Code civil et limitation au 4e degré de la vocation héréditaire *ab intestat* (titre Ier, article unique);

2° Assimilation, au point de vue de l'impôt sur les mutations, de toutes les acquisitions à titre gratuit,

(1) Chambre, *Doc. parl.*, 1894, t. I, n° 50, p. 75 ss.

qu'elles aient lieu par acte entre vifs ou par décès (titre IX, art. 58);

3° Admission du principe de la distraction des charges. La déduction ne s'applique qu'aux dettes liquides au jour de l'ouverture de la succession et qui résultent d'actes authentiques, de jugements ou d'actes sous seings privés enregistrés trois mois au moins avant l'ouverture des successions (titre II, art. 10 ss.);

4° Évaluation de l'usufruit et de la nue propriété, d'après les résultats des tables de mortalité et une échelle de dix en dix ans (titre II, art. 9);

5° Perception de l'impôt, en ce qui concerne les immeubles, non plus sur une valeur conventionnelle, mais « sur la valeur vénale déterminée par la déclaration des parties et sans que cette valeur soit inférieure au produit de la capitalisation obtenue en portant à vingt fois pour les immeubles urbains et à ving-cinq fois pour les immeubles ruraux, le prix des baux courants ou, à défaut, le produit des biens également évalué par les parties » (titre II, art. 8);

6° Augmentation des droits de mutation, soit en ligne directe, soit en ligne collatérale et établissement, pour chaque classe de parenté, d'un tarif gradué suivant une progression arithmétique de 10 centimes par 50.000 fr. En ligne directe, les droits varient de 2 0/0 à partir de 1.000 francs jusqu'à 4 0/0 à un million; ils varient entre frères et sœurs de 9 0/0 à 11,10 0/0 ; entre oncles, tantes, neveux et nièces, de 10 0/0 à 12,50 0/0 ; entre tous autres parents jusqu'au 4e degré, de 12 0/0 à 14,10 0/0 ; enfin, entre étrangers ou parents au delà du 4e degré, de 15 0/0 à 17,10 0/0 (titre IV).

Le projet contenait en outre des dispositions de moindre importance relatives aux questions d'organisation et de pénalités.

2° *Proposition de loi de M. Boudenoot, député* (30 novembre 1893). — A la même époque, M. Boudenoot avait repris également, sous forme de proposition de loi et sans presque rien y changer, les conclusions du rapport supplémentaire qu'il avait déposé, le 4 juillet 1892, au nom de la Commission chargée d'étudier le projet de loi présenté par le Gouvernement en 1889. Ce rapport, comme tant d'autres, n'avait pu être mis à l'ordre du jour de la Chambre au cours de la législature précédente.

La proposition de M. Boudenoot se rapprochait beaucoup de celle de M. Dupuy-Dutemps. Elle traitait également les donations entre vifs sur le même pied que les successions. Dans les deux projets, la valeur de l'usufruit était évaluée de la même manière; l'impôt était liquidé sur la valeur vénale des immeubles, avec le minimum de la capitalisation au denier 20 pour les immeubles urbains et au denier 25 pour les immeubles ruraux.

Les deux projets s'accordaient aussi sur le principe de la distraction des charges. Toutefois, le projet de M. Boudenoot, plus large que celui de M. Dupuy-Dutemps sur certains points et plus restrictif sur certains autres, limitait la déduction des dettes aux actes authentiques antérieurs au moins d'un mois au décès et étendait ce délai d'un mois aux actes sous seings privés et aux déclarations de conventions verbales faites à l'Enregistrement.

Les deux projets présentaient une différence essentielle en ce qui concerne la question des tarifs, M. Boudenoot ayant conservé le système des droits proportionnels, en augmentant assez fortement les taux en vigueur. Mais, au cours de la discussion de sa proposition, il se rallia au principe de la tarification progressive en présentant un tableau dans lequel les droits variaient avec l'importance des successions.

3° *Projet du Gouvernement* (8 février 1894; M. Burdeau, ministre des finances). — Le 8 février 1894, M. Burdeau, ministre des finances, déposa, au nom du Gouvernement, un projet de loi portant modification du régime fiscal en matière de successions et de ventes d'immeubles ruraux.

Le projet gouvernemental s'accordait sur beaucoup de points avec les propositions de MM. Dupuy-Dutemps et Boudenoot; il s'en séparait cependant par quelques différences essentielles. Il proposait en effet les mesures suivantes :

1° Déduction du passif, mais seulement pour les dettes établies, au jour du décès, par des actes authentiques ou des jugements : il laissait par suite en dehors de ses prévisions le passif constaté par des actes sous seings privés et des conventions déclarées à l'Enregistrement;

2° Évaluation de l'usufruit d'après les résultats des tables de mortalité et une échelle de dix ans en dix ans ;

3° Substitution de la valeur vénale à la valeur conventionnelle, quant aux immeubles, sous cette réserve que « la valeur imposable actuelle servira de base à la perception, toutes les fois qu'elle excédera la valeur vénale » ;

4° Relèvement du tarif de l'impôt dans toutes les lignes, mais maintien du système des droits proportionnels. Le point de départ du projet est 1,50 0/0 en ligne directe, soit avec les décimes 1,875 0/0 et il aboutit entre personnes non parentes au taux uniforme de 13 0/0 en principal, ce qui, avec les décimes, donne 16,25 0/0.

4° *Rapport sur les trois projets qui précèdent. Proposition de la Commission spéciale* (5 juillet 1894, M. Dupuy-Dutemps, rapporteur). — Le projet du Gouvernement fut renvoyé à une Commission spéciale qui était déjà saisie des propositions de MM. Dupuy-Dutemps et Boudenoot. Le rapporteur de cette Commission, M. Dupuy-Dutemps, déposa son rapport le 5 juillet 1894 (1).

La Commission acceptait, en principe, la plupart des innovations proposées par les projets qui lui étaient soumis; néanmoins, elle rejetait chacun de ces projets pris dans son ensemble (2). Elle se séparait nettement du projet du Gouvernement en ce qu'elle admettait la substitution d'un tarif progressif au tarif proportionnel actuellement en vigueur. D'autre part, elle abandonnait l'échelle progressive établie par M. Dupuy-Dutemps, « à cause de l'uniformité de la progression et du trop grand nombre de séries. » Le projet de la Commission consistait dans une combinaison de certaines dispositions du projet du Gouvernement avec d'autres empruntées aux propositions de MM. Dupuy-Dutemps et Boudenoot. Voici quelles en étaient les grandes lignes :

1° Déduction du passif, non seulement quant aux dettes établies par des jugements ou des actes authentiques,

(1) Les propositions de MM. Dupuy-Dutemps et Boudenoot avaient déjà été l'objet d'un rapport sommaire, fait au nom de la première commission d'initiative parlementaire, par M. Million, député. Ce rapport concluait à la prise en considération des deux propositions de loi et à leur renvoi à une seule commission. Voy. Chambre, *Doc. parl.*, 1894, t. I, n° 135, p. 155.

(2) Chambre, *Doc. parl.*, 1894, t. II, n° 770, p. 1088 ss.

mais aussi quant à celles résultant d'actes sous seings privés enregistrés ou ayant acquis date certaine trois mois au moins avant l'ouverture des successions ;

2° Évaluation de l'usufruit, d'après la moyenne des tables de mortalité et une échelle de dix en dix ans ;

3° Substitution de la valeur vénale, quant aux immeubles, à la valeur conventionnelle, le minimum de la valeur restant fixé à la capitalisation du revenu faite au denier 20 pour les immeubles urbains et au denier 25 pour les immeubles ruraux ;

4° Établissement d'un tarif progressif variant dans les conditions suivantes, le taux le plus faible s'appliquant dans chaque ligne aux parts de moins de 2.000 fr. (1), le taux le plus élevé aux parts supérieures à 20 millions :

En ligne directe, de 1,25 à 10,25 0/0 ; entre époux, de 3,75 à 10,75 0/0; entre frères et sœurs, de 8 à 17 0/0; entre oncles et tantes, neveux et nièces, de 9,50 à 18,50 0/0; entre grands-oncles et grand'tantes, petits-neveux et petites-nièces, de 11 à 20 0/0; entre parents au 5e et au 6e degré, de 13 à 22 0/0; entre parents au delà du 6e degré et entre personnes non parentes, de 15,50 à 24,50 0/0;

5° *Projet du Gouvernement* (24 juillet 1894, M. Poincaré, ministre des finances (2). — M. Poincaré, ministre des finances, présenta, au nom du Gouvernement, un nouveau projet qui se séparait à la fois du projet de M. Burdeau et de la proposition de la Commission spéciale sur la question des tarifs, mais qui s'accordait avec les

(1) Exception faite, en ligne directe, pour les parts inférieures à 1.000 fr. qui n'étaient frappées que d'un droit de 0,50 0/0.

(2) Chambre, *Doc. parl.*, 1894, t. II, n° 885, p. 1242 ss.

projets antérieurs en ce qui concerne les autres points. Le nouveau cabinet proposait, en effet, les réformes suivantes :

1° Déduction du passif, dans les conditions mêmes du projet de M. Burdeau, c'est-à-dire en limitant la déduction aux seules dettes liquides au jour de l'ouverture de la succession, établies soit par des jugements, soit par des actes authentiques antérieurs d'un mois au moins au décès.

2° Évaluation de l'usufruit, comme dans les projets antérieurs, d'après les résultats des tables de mortalité, par périodes de dix ans (art. 5).

3° Liquidation des droits de mutation sur la valeur réelle des immeubles, sous cette réserve que « la valeur actuelle des biens servira de base à la perception toutes les fois qu'elle excédera la valeur vénale ».

4° Établissement d'un tarif progressif. Mais la graduation proposée par M. Poincaré est beaucoup moins rapide que celle arrêtée par la Commission. Pour les successions de moins de 2.000 fr., la quotité de l'impôt est à peu près la même dans les deux projets. Mais à partir de 2.000 fr., les tarifs s'échelonnent d'une façon très différente; la progression s'arrête, dans le projet Poincaré, à 1 million, tandis qu'elle continuait, dans la proposition de la Commission, jusqu'à 20 millions. Par suite, les taux les plus élevés sont beaucoup plus faibles dans le projet du Gouvernement. Les droits s'échelonnent dans ce projet de la manière suivante :

En ligne directe; de 1 à 2,50 0/0; entre époux, de 3,75 à 7 0/0; entre frères et sœurs, de 8,50 à 12 0/0; entre oncles ou tantes, neveux ou nièces, de 10 à 13,50 0/0; entre grands-oncles ou grand'tantes et petits-neveux ou petites-nièces et entre cousins germains, de 12 à 15,50 0/0; entre parents au 5° ou au 6e degré, de 14 à 17,50 0/0; entre parents au delà du 6e degré et entre personnes non parentes, de 15 à 18,50 0/0.

6° *Rapport de la Commission; modifications au projet.* (10 novembre 1894; M. Doumer, rapporteur.) — La Commission du budget de 1895 chargée d'examiner ce projet de loi présenta à la Chambre, le 10 novembre 1894, par l'organe de M. Doumer, député, un rapport qui constatait l'accord du Gouvernement et de la Commission sur les points essentiels de la réforme.

La seule modification importante apportée au projet gouvernemental était relative aux tarifs des droits de succession. La Commission considérait le tarif proposé par le Gouvernement comme un hommage purement platonique au principe de la progression. « Les variations de taux, disait son rapporteur (1), si elles sont sérieuses d'un degré à l'autre et présentent un écart de 14 0/0 entre la ligne directe et celle des étrangers, sont extrêmement faibles quand il s'agit de suivre l'importance de la valeur des parts successorales. En ligne directe, une part de 100 fr. paierait 1 0/0, une part de 10.000 fr., 1,20 0/0 et une part de plusieurs millions moins de 2,50 0/0. C'est, comme on l'a dit, un escalier qui ne monte pas ». En conséquence, la Commission du budget établissait la progression suivante (2) :

En ligne directe, les droits variaient de 1 à 3 0/0; entre époux, de 3,75 à 9 0/0; entre frères et sœurs, de 8,50 à 13,50 0/0; entre oncles et tantes et neveux ou

(1) Chambre, *Doc. parl.*, t. II, p. 1488, n° 968.

(2) La progression s'arrêtait aux parts supérieures à un million comme dans le projet de M. Poincaré.

nièces, de 10 à 15,50 0/0; entre grands-oncles ou grand'tantes, petits-neveux ou petites-nièces et entre cousins germains, de 12 à 17,50 0/0; entre parents au 5e ou au 6e degré, de 14 à 19, 50 0/0; entre parents au delà du 6e degré et entre personnes non parentes, de 15 à 19,50 0/0.

Par exception, les droits de mutation frappant les parts successorales n'excédant pas 1.000 francs, étaient réduits de moitié pour les successions en ligne directe, entre époux et entre frères et sœurs. Cette disposition de faveur n'existait pas dans le projet de M. Poincaré.

Le Gouvernement accepta le texte de la Commission, mais il démissionna avant que la Chambre pût procéder à l'examen du budget des recettes de 1895. Le nouveau ministère ne crut pas pouvoir maintenir le projet dans la loi de finances. La Commission du budget et la Chambre acceptèrent de disjoindre de la loi de finances le projet relatif aux successions, sous la condition que le projet ainsi disjoint viendrait en discussion aussitôt après le vote du budget et l'examen de la réforme des boissons. La fin de la session arriva sans que la Chambre pût commencer la discussion du projet.

7° *Rapport supplémentaire de M. Doumer sur le projet Poincaré* (22 octobre 1895) (1). — Quand il fallut préparer le projet de loi portant fixation du budget de l'exercice 1896, le ministre des finances, M. Ribot, rencontra tant de difficultés financières qu'il dût se servir, pour équilibrer les recettes et les dépenses, des ressources à provenir de la réforme du régime fiscal des

(1) Chambre, *Doc. parl.*, 1895, n° 1553, p. 893 ss.

successions. Le produit de la réforme fut évalué à 25 millions pour la première année et il en fut fait état au budget. Dans ces conditions, il devenait nécessaire de voter à bref délai cette réforme des droits de succession. La Commission du budget de 1895, qui était restée saisie du projet de loi de M. Poincaré, s'entendit assez facilement avec le Gouvernement sur les modifications qu'il désirait voir introduire dans ce projet. L'accord put être réalisé sur les bases suivantes :

1° Déduction de toutes les dettes dont l'existence, au jour de l'ouverture de la succession, sera dûment justifiée, savoir : pour les dettes civiles, par des titres susceptibles de faire preuve en justice contre le défunt, et pour les dettes commerciales, par ses livres de commerce. Cette disposition constituait une grave modification aux projets antérieurs qui, on s'en souvient, admettaient la déduction dans une mesure beaucoup moins large.

2° Évaluation de l'usufruit d'après la moyenne des tables de mortalité, par période de dix ans.

3° Perception des droits de mutation, quant aux immeubles, non pas d'après la valeur vénale, comme dans les projets antérieurs, mais sur la valeur conventionnelle obtenue par la capitalisation du revenu au denier 20 pour les immeubles urbains et au denier 25 pour les immeubles ruraux.

4° Majoration des tarifs « pour les très grosses successions, pour certains héritages exceptionnels et pour ceux entre parents éloignés ». La progression, qui commençait à partir de 2.000 francs, s'arrêtait seulement aux parts supérieures à 3 millions et elle variait, dans chaque classe, de la façon suivante :

En ligne directe, de 1 à 4 0/0; entre époux, de 3,75 à 9 0/0; entre frères et sœurs, de 8,50 à 14 0/0; entre oncles et tantes, neveux ou nièces, de 10 à 16 0/0; entre grands-oncles et grand'tantes, petits-neveux ou petites-nièces et entre cousins germains, de 12 à 18 0/0; entre parents au delà du 4e degré et entre personnes non parentes, de 14 à 20 0/0.

Les droits de mutation sur les parts n'excédant pas 1.000 francs étaient réduits de moitié, comme dans le premier projet de la Commission.

Ce fut M. Doumer qui soutint, comme ministre des finances, la discussion de ce nouveau projet devant la Chambre, après l'avoir préparé comme rapporteur de la Commission de 1895. Le projet fut voté, le 22 novembre 1895, par la Chambre des députés, après déclaration d'urgence et sans aucune modification importante.

8o *Rapport de M. Cordelet, au nom de la Commission du Sénat* (9 juillet 1896) (1). — Au Sénat, le projet fut renvoyé à l'examen d'une Commission, nommée le 2 décembre 1895, qui déposa, le 9 juillet 1896, par l'organe de M. Cordelet, un rapport contenant une étude approfondie de toutes les questions soulevées.

La Commission du Sénat adoptait la réforme relative à la déduction du passif et celle relative au mode d'évaluation de l'usufruit (2); mais elle repoussait, à l'una-

(1) Sénat, *Doc. parl.*, 1896, n° 171, p. 283 ss.

(2) La Commission admettait aussi le maintien de la législation de frimaire en ce qui concerne l'évaluation des immeubles héréditaires. Mais, après le dépôt de son rapport, elle inséra un article nouveau ainsi conçu : « L'administration aura la faculté de liquider le droit de mutation par décès sur la valeur vénale en ce qui concerne les immeubles dont la destination actuelle n'est pas de procurer un revenu ».

nimité, le principe de la progression. Elle augmentait les droits de succession actuellement en vigueur et, au tarif progressif voté par la Chambre, elle substituait le tarif proportionnel suivant :

| | | |
|---|---|---|
| En ligne directe. . . . . . . . . . . . . . | 1,50 p. 100 | |
| Entre époux . . . . . . . . . . . . . . . | 4,50 | — |
| Entre frères et sœurs. . . . . . . . . . . | 9 » | — |
| Entre oncles et tantes, et neveux ou nièces. . . | 11 » | — |
| Entre grands-oncles et grand'tantes, petits-neveux ou petites-nièces et entre cousins germains. . | 12 » | — |
| Entre parents au 5e degré et au delà. . . . | 13 » | — |
| Entre personnes non parentes. . . . . . . | 15 » | — |

Le projet de la Commission vint à l'ordre du jour du Sénat, le 7 février 1898. Dès la seconde séance, le Sénat, sur un amendement de MM. Peytral et Strauss repoussa le principe de la proportionnalité des droits de succession et y substitua, en l'article 1er, le système des droits progressifs tel qu'il avait été proposé par M. Poincaré en 1894. En présence de ce vote, la Commission donna sa démission,

9° *Rapport supplémentaire fait par M. Dauphin, au nom de la nouvelle Commission du Sénat* (12 juillet 1898) (1). — Une nouvelle Commission fut élue dans les bureaux du Sénat ; elle se mit immédiatement au travail et un rapport supplémentaire fut déposé en son nom, le 12 juillet 1898, par M. Dauphin.

L'article 1er du projet de la nouvelle Commission reproduit purement et simplement le tarif progressif présenté en 1894 par M. Poincaré et voté par le Sénat. La Commission apporta, en outre, quelques modifications

(1) Sénat, *Doc. parl.*, 1898, n° 295, p. 526 ss.

soit au texte voté en 1895 par la Chambre des députés, soit au projet préparé par la précédente Commission. Néanmoins, ces modifications ne portent que sur des questions de détail; elles n'ont pas trait au principe même des réformes demandées, mais seulement à l'étendue qu'il convient de donner à ces réformes, par exemple, à la nature des dettes à exempter. Nous ne pouvons entrer ici dans l'examen de ces propositions.

En résumé donc, le projet de loi rédigé par la nouvelle Commission du Sénat repose sur les bases suivantes:

1° Déduction des dettes civiles et des dettes commerciales

2° Évaluation de l'usufruit d'après l'âge de l'usufruitier.

3° Perception des droits de mutation sur les immeubles héréditaires, non d'après la valeur vénale, mais d'après le revenu capitalisé.

4° Établissement d'un tarif progressif.

Sur tous ces points, le projet se trouve d'accord avec le texte voté par la Chambre. La divergence n'éclate qu'en ce qui concerne les détails; ainsi la progression est beaucoup plus élevée dans le tarif voté par la Chambre que dans celui proposé par la Commission du Sénat. Tout porte à croire que l'entente s'établira assez facilement entre les deux Chambres et que la nouvelle loi sera enfin votée sans trop de difficultés. Le projet de loi préparé par M. Dauphin a été voté en première délibération par le Sénat dans sa séance du 2 mars 1900. Le débat a été très court et n'a porté que sur le principe des réformes proposées ; notamment, la discussion de la question si importante des mesures à prendre pour l'application de la déduction du passif a été renvoyée d'un commun accord à la seconde délibération.

Nous avons ainsi montré, dans une vue d'ensemble, les diverses modifications apportées au projet de M. Poincaré par les Commissions parlementaires depuis le dépôt de ce projet, le 27 juillet 1894, sur le bureau de la Chambre. Nous devons maintenant, pour terminer, mentionner quelques propositions de lois qui ont été présentées au Parlement depuis cette époque.

10° *Proposition de M. Barodet, député* (29 novembre 1894) (1). — Le 14 juillet 1887, M. Barodet, député, avait présenté, avec l'adhésion de plusieurs de ses collègues, une proposition de loi ayant pour but de supprimer l'hérédité en ligne collatérale. Cette proposition fut l'objet d'un rapport sommaire concluant à la prise en considération, mais n'eut pas d'autre suite. Elle fut reprise de nouveau par son auteur, le 19 janvier 1891, et renvoyée par la Chambre à l'examen d'une Commission spéciale qui conclut à son rejet.

Le 29 novembre 1894, M. Barodet la présenta, une troisième fois, avec quelques modifications. L'article 2 de cette proposition est ainsi conçu : « A défaut d'héritiers en ligne directe ou de dispositions testamentaires toute succession est acquise à l'État ». Les partisans de cette réforme, que nous n'avons pas à apprécier pour le moment, la justifient par la nécessité de « réaliser progressivement la diffusion et la transformation de la propriété, l'amortissement de la dette publique, la diminution des impôts et l'extinction du paupérisme ». Cette proposition a été renvoyée à la Commission de la réforme de l'impôt.

11° *Proposition de loi de M. de Ramel, député* (27 dé-

(1) Chambre, *Doc. parl.*, 1894, n° 1030, p. 2013 ss.

cembre 1894) (1). — M. de Ramel, député, et plusieurs de ses collègues, adversaires résolus de l'impôt progressif, déposèrent, le 27 décembre 1894, une proposition de loi, qui fut renvoyée à la Commission du budget de 1895.

Les auteurs de cette proposition acceptaient, dans une très large mesure, le principe de la déduction du passif, ainsi que le nouveau mode d'évaluation de l'usufruit proposé par M. Poincaré. Mais ils se séparaient du projet du Gouvernement sur la question des tarifs. Ils repoussaient le tarif progressif appliqué aux successions et conservaient les droits proportionnels actuellement en vigueur, en se bornant à les augmenter assez fortement. La tarification proposée était la suivante : ligne directe, 1,25 ; entre époux, 4,75 ; entre frères et sœurs, 9 ; entre oncles et neveux, 10,50 ; entre grands-oncles, petits-neveux, cousins germains, 13 ; entre parents au delà du 5e degré, 15 ; entre étrangers, 16,50.

12° *Proposition de loi de M. Gamard, député* (13 juillet 1895) (2). — Dans le but de faciliter la réforme relative à la déduction du passif, M. Gamard, député, a déposé une proposition de loi édictant des mesures propres à supprimer la fraude dans les déclarations de successions.

« Deux sortes de biens notamment, est-il dit dans l'exposé des motifs de cette proposition, échappent à l'impôt par la dissimulation : les créances et les valeurs au porteur ». Pour éviter la fraude, en ce qui concerne les créances, M. Gamard proposa le système, usité en Angleterre, et qui consiste à obliger le débiteur à exiger

(1) Chambre, *Doc. parl.*, 195, n° 1117, p. 22 ss.
(2) Chambre, *Doc. parl.*, 1896, n° 1524, p. 886.

du créancier, pour se libérer, la justification du paiement du droit. Quant aux titres au porteur, le seul moyen de les assujettir périodiquement à l'impôt serait de remplacer les droits de mutation par décès par une taxe annuelle. Cette nouvelle taxe, ne se prêtant pas évidemment aux graduations de parenté, ne représenterait que le paiement du droit au premier degré. Le complément du droit pour les degrés subséquents serait exigible au moment du décès. M. Gamard proposait de fixer le taux de cette taxe à 4 centimes (1).

13° *Proposition de loi de M. Denys Cochin*, député (22 octobre 1895) (2). — M. Denys Cochin, député, a déposé, le 22 octobre 1895, une proposition de loi relative aux droits de mutation par décès dans les successions ascendantes. Cette proposition a été renvoyée, comme les précédentes, à la Commission du budget de 1895.

Partant de ce principe que « le fisc doit recevoir ce qu'il eût reçu si les successions s'étaient ouvertes suivant l'ordre naturel », M. Denys Cochin demande de doubler les droits de succession dans la ligne directe, quand la succession va en remontant du fils au père et de les quadrupler quand le grand-père hérite du petit-fils.

(1) Déjà, le 11 novembre 1886 (Chambre, *Déb. parl.*, 1886, p. 1785), M. Fernand Faure avait demandé la transformation du droit actuel en droit d'abonnement. M. Fernand Faure avait choisi le taux très élevé de 0,20 0/0. — Cf. Audé, *Thèse de doctorat*, p. 154.

(2) Chambre, *Doc. parl.*, 1895, n° 1566, p. 906.

## CHAPITRE II

### Examen des réformes proposées.

Dans le chapitre qui précède, nous avons essayé d'indiquer les diverses réformes fiscales qui ont été demandées en matière de successions, en insistant plus spécialement sur les projets ou propositions de lois soumis au Parlement pendant ces dernières années. Après cette vue d'ensemble, il nous reste maintenant à examiner d'une façon approfondie chacune de ces réformes, à faire l'étude critique des argumentations qui ont été produites soit pour démontrer leur nécessité, soit au contraire pour défendre le maintien de la législation actuelle. C'est là le point essentiel de notre travail et nous devrons y consacrer d'assez longs développements.

Nous diviserons ce chapitre en cinq sections :

SECTION I. — *Tarif des droits de mutation par décès.*

SECTION II. — *Déduction du passif.*

SECTION III. — *Évaluation des biens héréditaires.*

SECTION IV. — *Evaluation de la nue propriété et de l'usufruit.*

SECTION V. — *Réformes secondaires.*

## SECTION

### TARIF DES DROITS DE MUTATION PAR DÉCÈS

Les droits de mutation par décès doivent-ils être proportionnels ou progressifs? Telle est la question qui depuis un demi-siècle sert de texte aux querelles des économistes et provoque partout des discussions ardentes qui ne semblent pas près d'être apaisées.

Il importe tout d'abord d'éviter ici une confusion. Il faut se garder avant tout d'élargir le débat et de considérer l'acceptation de l'idée de graduation dans les droits de mutation par décès comme entraînant nécessairement adhésion au principe général de l'impôt progressif. Nous n'avons pas à discuter ici le problème si délicat de savoir si, en thèse absolue, l'impôt doit être proportionnel ou progressif. Disons seulement que, pour notre part, bien que l'impôt progressif compte des partisans illustres (1), bien qu'au premier abord il paraisse plus conforme à l'équité, nous le considérons comme dangereux pour la société parce qu'il ouvre la porte toute grande à l'arbitraire. Si l'on s'en tient aux principes généraux du droit, si l'on ne fait pas intervenir dans un débat purement juridique des questions de sentimentalité, on doit reconnaître qu'il n'y a pas de motifs pour que le riche paie proportionnellement plus que le pauvre. L'impôt, en effet, est la rémunération des services rendus par l'État,

(1) Voy. notamment, Montesquieu, *Esprit des lois*; J.-B. Say, *Cours d'économie politique*. L'impôt progressif a été également défendu par J.-J. Rousseau, les Encyclopédistes, Villiaumé, Courcelle-Seneuil, etc.

et nul n'a jamais soutenu que le riche reçoive de l'État plus que le pauvre, puisque c'est précisément le contraire qui a lieu (1). L'impôt proportionnel, a-t-on dit dans une antithèse fort expressive (2), est une émanation du principe *objectif de la participation sociale* ; l'impôt progressif, au contraire, s'inspire d'une conception *subjective de l'égalité des sacrifices*, théoriquement acceptable mais pratiquement dangereuse.

Nous condamnons donc l'idée de la progression appliquée sans discernement et d'une manière générale à tous nos impôts. Mais nous ne nous arrêterons pas davantage sur ce terrain; à notre avis, en effet, la question que nous avons à discuter ici n'est pas là, Il s'agit de savoir, et tous les auteurs paraissent d'accord sur ce point, si la progression, repoussée ainsi en thèse générale, ne doit pas être admise dans les taxes successorales pour des raisons particulières et spéciales à ce genre de taxes.

La question ainsi précisée, nous inclinons à y répondre par l'affirmative, sous cette réserve que la progression doit être modérée et calculée avec prudence.

Si nous examinons, en effet, les objections ordinairement formulées contre l'impôt progressif, nous voyons que toutes disparaissent, ou tout au moins sont consi-

(1) « Sans compter les dépenses afférentes à l'assistance publique, disent MM. Boucart et Jèze (*Science des finances*, 1896, p. 201), est-il besoin de rappeler que dans le domaine de l'instruction publique les écoles primaires coûtent beaucoup à l'État, qu'au contraire les établissements secondaires couvrent à peu près leurs dépenses et que les écoles supérieures procurent des bénéfices? On pourrait multiplier les exemples ».

(2) M. Charles Bodin, *Cours* professé à la Faculté de Rennes en 1897-1898. — Voir aussi *Rev. d'Écon. pol.*, 1894, p. 950 ss. *La réforme de l'impôt des successions et la notion de l'impôt progressif*.

dérablement atténuées, lorsqu'il s'agit des droits de mutation par décès.

« Imposer les gros revenus plus que les petits, dit Stuart Mill (1), c'est imposer l'activité et l'économie, c'est frapper d'une amende ceux qui ont plus travaillé et plus économisé que leurs voisins ». Nous n'examinerons pas la question de savoir si réellement l'impôt progressif constitue une prime accordée à l'insouciance et à la paresse, si réellement il punit, pour ainsi dire, le succès. Mais ne semble-t-il pas évident que cette objection, fût-elle exacte en soi, ne saurait être produite ici? N'est-il pas clair qu'en imposant les grosses parts héréditaires plus que les petites, on n'impose pas l'activité et l'économie de ceux qui les recueillent, on ne frappe le travail d'aucune amende? la progression ne peut donc pas être considérée dans notre cas comme un motif de découragement à tout accroissement de fortune, comme un obstacle au perfectionnement de l'industrie nationale (2).

La progression des droits de mutation par décès aurait des effets bienfaisants et, dans une certaine mesure, elle constitue une réforme nécessaire. L'impôt qui frappe les successions, en effet, est aujourd'hui très élevé et certainement il sera encore augmenté. Il est impossible qu'il en soit autrement, puisque nos budgets s'accroissent d'année en année et que les successions constituent une excellente matière imposable. Nous ne protestons pas, en principe, contre ces tarifs, parce qu'ils sont nécessaires. Cependant ne semblent-ils pas très exagérés lorsqu'ils s'appliquent à des successions tout à fait mi-

(1) *Principes de l'économie politique*, liv. V, chap. II.

(2) Cf. Projet de loi de M. Poincaré, Chambre, *Doc. parl.*, 1894, t. II, p. 1246.

nimes? On a dit qu'ils constituaient alors « des actes de brigandage et de piraterie » exercés par l'État; sous cette formule violente, n'y a-t-il point quelque chose de vrai (1)?

Le système des droits progressifs ferait disparaître de nos lois cette imperfection. Il permettrait de dégrever les petites successions et de donner « une légitime satisfaction à tous ceux qui demandent de soulager les déshérités de la fortune et de reporter le plus possible le poids de l'impôt sur la richesse acquise » (2).

La progression des droits de mutation par décès est, d'autre part, la préface obligatoire de la double réforme relative à la déduction du passif et au nouveau mode d'évaluation de l'usufruit. Avec un tarif strictement proportionnel, on surchagerait trop les héritages de médiocre importance en ligne directe. Ces héritages étant évidemment ceux qui représentent la masse successorale la plus importante, ce seraient eux qui fourniraient en grande partie les ressources nécessaires pour accomplir les réformes désirées. Avec une légère progression, on obtiendrait très aisément ce supplément de ressources et l'impôt se trouverait réparti d'une façon moins onéreuse pour les petits héritages recueillis en ligne directe.

Enfin, et c'est par là que nous terminerons cette discussion, des auteurs, adversaires déterminés de l'impôt progressif en général, l'ont admis très nettement en matière de successions. « Bien que dans mon opinion,

(1) V. *infra*, section V, la question du dégrèvement des petites successions.

(2) Poincaré, *loc. cit.* — On a nié qu'il soit juste de dégrever les petites parts successorales. Nous examinerons plus loin cette théorie.

dit Stuart Mill (1), le principe qui consiste à lever un tant pour cent plus élevé sur les sommes plus fortes puisse soulever des objections comme principe général de répartition de l'impôt, il serait juste et utile de l'appliquer dans la fixation des droits sur les legs et sur les successions. »

Pour conclure, nous dirons donc que nous admettrions volontiers l'impôt progressif dans son application spéciale aux droits de mutation par décès. Mais nous ajoutons immédiatement, et nous insistons sur cette idée, que la progression doit être prudente et modérée. C'est pourquoi nous repoussons les tarifs progressifs votés par la Chambre des députés, le 22 novembre 1895. Ces tarifs s'échelonnent, comme on sait, de la manière suivante (2) :

En ligne directe, de 1 0/0 à 4 0/0; entre époux, de 3,75 à 9 0/0; entres frères et sœurs, de 8,50 à 14 0/0; entre oncles et tantes, neveux ou nièces, de 10 à 16 0/0;

(1) *Principes de l'économie politique*, t. II, p. 342. Nous n'acceptons d'ailleurs pas les raisons par lesquelles le grand publiciste anglais justifie sa doctrine. C'est, en effet, dans ses *Principes d'économie politique* qu'apparaît chez Stuart Mill le premier souffle du socialisme. L'auteur va jusqu'à dire : « Le pouvoir de léguer est un des privilèges de la propriété qui peuvent être utilement réglementés dans un intérêt d'utilité publique, et la meilleure manière d'empêcher l'accumulation des grandes fortunes dans les mains de ceux qui ne les ont pas acquises par leur travail est de mettre une limite à ce que chacun peut acquérir par donations, legs ou successions » (*loc. cit.*). — Nous protestons contre toute théorie qui tend à faire de l'impôt un instrument de nivellement des fortunes. Voy. sur ce point notre Introduction.

(2) Art. 8 du projet; Chambre, *Doc. parl.*, 1895, p. 905 (Rapport supplémentaire de M. Doumer). La progression s'arrête à 3 millions. Voy. le texte de cet article à la fin de notre travail.

entre grands-oncles ou grand'tantes, petits-neveux ou petites-nièces et entre cousins germains, de 12 à 18 0/0; enfin entre parents au delà du quatrième degré et entre personnes non parentes, de 14 à 20 0/0.

Cette progression nous paraît quelque peu excessive. Cela est surtout frappant pour les successions en ligne directe, où le tarif s'élève jusqu'à 4 0/0.

Il nous semble impossible d'appliquer à cette ligne des taux aussi élevés. Les plus graves considérations commandent, en effet, d'user de beaucoup de ménagements envers l'enfant qui recueille la succession paternelle.

En somme, parmi les divers tarifs qui ont été proposés au Parlement pendant ces dernières années, celui auquel nous donnerions nos préférences est le tarif présenté au nom du Gouvernement, en 1894, par M. Poincaré. D'après ce tarif, les droits varient (1) :

En ligne directe, de 1 à 2,50 0/0; entre époux, de 3,75 à 7 0/0; entre frères et sœurs, de 8,50 à 12 0/0; entre oncles ou tantes et neveux ou nièces, de 10 à 13,50 0/0; entre grands-oncles ou grand'tantes et petits-neveux ou petites-nièces, et entre cousins germains, de 12 à 15,50 0/0; entre parents au cinquième ou au sixième degré, de 14 à 17,50 0/0; entre parents au delà du sixième degré et entre personnes non parentes, de 15 à 18,50 0/0.

Nous avons vu précédemment que ce tarif avait été voté, sans aucun changement, par le Sénat, le 8 février 1898, sur un amendement de MM. Peytral et Strauss,

(1) *Chambre, Doc. parl.*, 1894, t. II, p. 1252. — La progression s'arrête à un million.

et malgré l'avis de sa commission qui lui proposait le principe de la proportionnalité des droits de succession. Nous avons vu également que la nouvelle commission du Sénat avait reproduit littéralement ce tarif dans l'article 1 de son projet de loi (1). Il y aura donc très probablement lutte sur ce point entre nos deux Chambres, puisque la Chambre des députés ne veut pas de ce tarif et l'on peut prévoir que l'on finira par se faire des concessions mutuelles et par adopter un tarif intermédiaire entre celui de M. Poincaré et celui de M. Doumer.

Pour notre part, nous regrettons que la proposition de M. Poincaré n'ait pas trouvé plus de partisans et nous ne croyons pas fondées les critiques qu'on lui adresse. Nous connaissons déjà ces critiques; il suffira de les rappeler brièvement : « Le reproche fait au tarif gradué proposé par le Gouvernement, dit M. Doumer (2), c'est qu'il constitue un hommage rendu au principe de la progression, mais un hommage pour ainsi dire platonique. Les variations de taux, si elles sont sérieuses d'un degré à un autre et présentent un écart de 14 0/0 entre la ligne directe et celle des étrangers, sont extrêmement faibles quand il s'agit de suivre l'importance de la valeur des parts successorales. En ligne directe, une part de 100 franc paierait 1 0/0, une part de 10.000 francs, 1,20 0/0 et une part de plusieurs millions 2,50 0/0. C'est comme on l'a dit, un escalier qui ne monte pas ».

Cette critique constitue à nos yeux le meilleur éloge que l'on puisse faire du tarif que nous proposons. Nous l'avons dit, nous acceptons l'idée de la progression,

(1) *Sénat, Doc. parl.*, 1898, p. 528 (*Rapport supplémentaire de M. Dauphin*).

(2) *Rapport du* 10 *nov.* 1894, *Chambres, Doc. parl.*, t. II, p. 1488.

mais à cette condition expresse qu'elle soit appliquée avec sagesse et modération ; si l'on voulait nous imposer un tarif procédant par des sauts brusques et violents et pouvant conduire à l'idéal rêvé par quelques-uns, au nivellement des fortunes, nous n'hésiterions pas à lui préférer un tarif proportionnel quelconque. La vérité est que nous voulons rester dans un juste milieu et nous garder de toute exagération. On dit : C'est un escalier qui ne monte pas ; mais qui ne voit la fausseté d'une pareille insinuation ? On a voulu présenter les auteurs du projet du 24 juillet 1894 comme des partisans des droits proportionnels assez habiles pour rendre un hommage inoffensif au principe de la progression ; mais s'il en était ainsi, comprendrait-on la résistance opiniâtre de la première commission du Sénat, lorsqu'on lui a proposé d'adopter le tarif Poincaré ?

Pour terminer sur cette importante question, nous devons donner un aperçu très rapide de législation comparée (1). La plupart des pays étrangers admettent le système des tarif proportionnels. Il en est ainsi notamment en Allemagne, en Autriche, Belgique, Espagne, Italie, Russie, Roumanie et dans la grande majorité des Cantons suisses.

On peut citer cependant quelques pays où fonctionne le tarif progressif. En Angleterre (2) notamment, le principe de la graduation existe depuis assez longtemps

(1) *Rev. pol. et parl.*, 1894, t. II, p. 454 ss. — On trouvera dans le rapport de M. Cordelet au Sénat un tableau comparatif très complet des droits de succession en France et à l'étranger ; *Sénat, Doc. parl.*, 1896, p. 312 et 313.

(2) Sur les taxes successorales en Angleterre, voy. *Bull. de stat. et de lég. comp.*, oct. 1895 et 1898, p. 434-460 ; *Rev. pol. et parl.*, 1895, t. IV, p. 306 ss., article de M. Louis-Paul Dubois.

et il a encore été accentué par la loi de finances de 1894, sur la proposition du chancelier de l'Échiquier, sir William Harcourt.

Avant 1894, le *probate duty* (droit d'homologation) était un droit progressif, depuis la loi de 1881, sur les douanes et le revenu intérieur; il en était de même de l'*account duty*. La progression pour ces deux impôts était la suivante :

| | | | |
|---|---|---|---|
| 100 à 500 livres, | 1 liv. | par 50 liv. | ou fraction de 50 liv. |
| 500 à 1000 liv., | 1 liv. 5 sh. | par 50 liv. | ou fraction de 50 liv. |
| 1000 l. et au-dess., | 3 liv. | par 100 liv. | ou fraction de 100 liv. |

D'autre part, l'*estate duty*, établi en 1889, présentait les mêmes caractères que les taxes précédentes; il consistait, en effet, tout simplement en un droit supplémentaire sur les successions supérieures à 10.000 liv. (environ 252.210 fr.).

Voici maintenant quels sont les tarifs en vigueur dans la Grande-Bretagne depuis le début de l'exercice 1894-1895 :

Successions de : (1)

| | | | |
|---|---|---|---|
| 2.522 fr. | à | 12.610 fr. | 1 p. 100 |
| 12.610 | | 25.221 | 2 |
| 25.221 | | 252.210 | 3 |
| 252.210 | | 630.525 | 4 |
| 630.525 | | 1.261.050 | 4,50 |
| 1.261.050 | | 1.891.875 | 5 |
| 1.891.875 | | 2.522.100 | 5,50 |
| 2.522.100 | | 3.783.150 | 6 |
| 3.783.150 | | 6.305.250 | 6,50 |
| 6.305.250 | | 12.610.500 | 7 |
| 12.610.500 | | 25.221.000 | 7,50 |
| Plus de 25.221.000 | | | 8 |

(1) Tableau extrait du rapport de M. Doumer, *J. off.*, *Doc. parl.*

La nouvelle taxe établie par la loi de finances de 1894 et graduée ainsi que nous venons de l'indiquer a été substituée aux différents droits de mutation par décès qui existaient autrefois. Cette taxe unique a été qualifiée, par la loi de 1894, *estate duty*, du nom de l'ancien impôt de 1889.

Il convient toutefois de remarquer qu'à cette taxe, qui frappe toute fortune, sans qu'il y ait à tenir compte de la qualité du successible, s'ajoute un droit complémentaire (*succession duty*, *legaty duty*) dont le tarif, gradué d'après le degré de parenté, est aujourd'hui le suivant :

| | |
|---|---|
| En ligne directe . . . . . . . . . . . | 1,50 p. 100 |
| Entre époux . . . . . . . . . . . . . | exemption |
| Frères et sœurs, neveux et nièces, petits-neveux et petites-nièces . . . . . . . . . . . . | 4,50 p. 100 |
| Oncles et tantes, cousins germains, grands-oncles et grand'tantes . . . . . . . . . . . | 6,50 |
| Collatéraux du 5e au 12e degré . . . . . . . | 7,50 |
| Étrangers . . . . . . . . . . . . . . . | 11,50 |

Le système progressif a également été admis aux États-Unis (1) et dans les cantons suisses de Berne (loi 4 mai 1879), Thurgovie (loi 23 mai 1850), Zurich (loi 21 déc. 1869), Schaffouse (loi 8 mars 1884), Soleure (loi 13 déc. 1848), Uri (loi 22 oct. 1889), Glaris (loi 7 mai 1891).

1894, p. 1488. — Les livres ont été converties en francs, à raison de 1 livre pour 25 fr. 221.

(1) Aux États-Unis, on vient de rétablir, en tant qu'impôt fédéral, les droits de mutation par décès qui avaient été supprimés après la guerre de Sécession. Les taxes sont établies sur la valeur nette de la succession et entre époux il y a exemption de droits (*Rev. pol. et parl.*, sept. 1899).

## SECTION II

### DÉDUCTION DU PASSIF

Pour la perception des droits de mutation par décès, convient-il de retrancher du montant de la succession les dettes du défunt et, au cas de l'affirmative, quelles sont les dettes susceptibles d'être déduites ? Tels sont les deux points à discuter en ce qui concerne la question de la distraction du passif.

### § 1er. — *Du principe de la déduction du passif.*

Quelques mots nous suffiront en ce qui concerne le principe même de la déduction du passif. Il semble bien en effet, qu'aujourd'hui personne ne conteste plus la nécessité de la réforme qui consiste à admettre la distraction des dettes pour la liquidation des droits de mutation par décès. Dans la première partie de ce travail, en indiquant les critiques suscitées sur ce point par la législation actuelle, nous avons été tenu de montrer rapidement à quel point le système de la non-distraction des charges est contraire à l'équité. En fait, ce système ne trouve plus aujourd'hui de partisans ; dès lors, il est inutile de s'arrêter plus longtemps à la discussion d'un principe aussi évidemment injuste.

Toutefois, il ne faut pas se le dissimuler, la réforme de la déduction du passif soulèvera nécessairement dans la pratique des difficultés considérables, et c'est là, à vrai dire, l'unique raison pour laquelle elle n'a point été réalisée jusqu'ici.

Il est équitable que toutes les dettes, qu'elles soient civiles ou commerciales, soient déduites. Mais le législateur doit exiger des gages sérieux de la bonne foi des contribuables et il ne doit négliger aucune précaution pour éviter l'admission des passifs fictifs. Plus il se montrera libéral dans l'application du principe de la distraction des dettes, plus il doit se montrer rigoureux sur les garanties indispensables. Il ne faut pas, bien entendu, donner aux agents de l'administration le droit de s'ingérer d'office dans les affaire privées, par exemples, de contraindre les commerçants à leur présenter leurs livres de commerce. Ceci ne veut pas dire qu'il faille sacrifier les droits du trésor à ceux des contribuables; non, mais on doit sauvegarder les uns sans trop empiéter sur les autres.

Il est évident que si tous étaient de bonne foi, point ne serait besoin de réglementations compliquées, qui sont autant d'entraves à la liberté individuelle. Il n'en est pas ainsi, malheureusement. « Voler l'État n'est pas voler » est un principe toujours en honneur dans les neuf dixièmes de la population française; il faut bien se pénétrer de cette vérité et agir en conséquence.

Le problème posé est difficile, mais non pas insoluble: il suffit pour s'en convaincre de jeter un coup d'œil sur la législation de l'étranger: nous examinerons ensuite sur ce point le projet de loi voté par la Chambre.

*Législations étrangères.* — En dehors de la France, il n'y a plus que deux États en Europe où la déduction des dettes ne soit pas opérée: le canton de Zurich et la principauté de Monaco (1). Il convient seulement de

(1) V. *Rev. pol. et parl.*, 1894, t. II, p. 437 ss.

remarquer que la mesure dans laquelle on admet la distraction des charges n'est pas la même partout. Ainsi certains États, notamment la Prusse, les pays allemands, la Russie, la Roumanie, posent, d'une manière générale, le principe de la déduction de tout le passif, quel qu'il soit (1). Dans d'autres pays, au contraire, on énumère limitativement les charges à déduire : il en est ainsi dans les Pays-Bas et dans la plupart des cantons suisses (2). Nous n'insisterons ici que sur les législations de l'Alsace-Lorraine et de la Belgique.

En Alsace-Lorraine (3), la loi du 17 juin 1889, modifiant la législation française en ce qui concerne la déduction du passif, pose le principe de la distraction des charges (art. 3). Toutes les dettes qui grèvent la succession, à l'exception pourtant des frais funéraires, doivent être déduites de la masse des biens héréditaires.

L'administration est naturellement armée de moyens de contrôle pour vérifier l'existence des dettes que l'on prétend déduire de l'actif successoral. A cet égard, il faut distinguer selon qu'il a ou non été dressé un inventaire lors de l'ouverture de la succession. S'il y a eu inventaire, le receveur de l'enregistrement ne peut pas exiger la justification des dettes portées dans cet inventaire. La signature du notaire garantit la sincérité de ce document. S'il n'y a pas eu inventaire, le receveur peut et doit demander la

(1) Prusse, loi 30 mai 1873 et 12 juin 1891 ; Russie, règlement de juillet 1882 ; Roumanie, loi du 9 mars 1886.

(2) *Bull. de stat. et de lég. comp.*, août 1888, p. 1887 ss., Pays-Bas, déc. ministérielle de 1886.

(3) Voy. rapport supplémentaire fait au nom de la commission du budget de 1895 par M. Doumer, député. *Ch.*, 1895, *Doc. parl.*, n° 1553, p. 893 ss. ; v. aussi rapport de M. Cordelet au Sénat, *Sénat, Doc. parl.*, 1896, p. 310 et 311.

justification de chaque dette. Cette justification peut, d'ailleurs, se faire soit par une simple note ou facture, soit par une lettre, soit même en employant la preuve testimoniale. L'administration a, de son côté, le droit d'exiger une attestation du créancier et de porter la dette, s'il vient à mourir, à l'actif de sa propre succession.

L'usufruit dépendant d'une succession est considéré comme une charge et déduit de la valeur des biens, lors de l'évaluation du capital imposable.

Les dettes sous condition suspensive et, d'une manière plus générale, les charges à venir, ne sont pas prises en considération, sauf à restituer ce qui a été perçu en trop à l'arrivée de la condition ou à l'échéance du terme. Cependant les dettes sous condition résolutoire sont déduites comme les dettes pures et simples ; mais si la condition se réalise, l'administration perçoit un supplément de taxe.

Enfin les dettes hypothécaires sont imputées sur la valeur des immeubles assujettis ; les autres dettes sont déduites d'abord sur les valeurs mobilières et subsidiairement sur les immeubles.

Les successibles doivent présenter à l'administration des pièces justificatives, aussi bien pour le passif que pour l'actif. C'est là un premier moyen de prévenir la fraude. Ce n'est d'ailleurs pas le seul. L'administration possède, en effet, trois autres moyens de contrôle : 1° d'abord le *débat oral* devant le tribunal cantonal, simple tentative de conciliation, car la décision du juge est toujours susceptible d'appel ; 2° le *serment* déféré au successible ; 3° l'*expertise*.

Toute « déclaration inexacte relativement à des faits qui exercent une influence sur l'exigibilité ou l'importance des droits » est punie d'un double droit en sus. Cette pénalité se prescrit par cinq ans.

En Belgique (1), deux lois du 27 décembre 1817 et du 17 décembre 1851 ont remplacé la législation française jusqu'alors en vigueur dans ce pays. Ces lois disguent trois espèces de droits :

1° Les *droits de mutation en ligne directe*, dus au cas où la transmission par décès s'opère entre un *de cujus* habitant du royaume et ses héritiers, légataires ou donataires *mortis causa* en ligne directe, ou son conjoint, s'il existe des enfants ou petits-enfants issus de son mariage avec ce dernier;

2° Les *droits de succession*, dus au cas où la transmission s'opère entre un *de cujus* habitant du royaume et ses héritiers, légataires ou donataires *mortis causa* en ligne collatérale, ou son conjoint, s'il n'existe pas d'enfants ou petits-enfants de son mariage avec ce dernier, ou ses légataires ou donataires *mortis causa* non parents ;

3° Les *droits de mutation par décès*, dus au cas où la transmission s'opère entre un *de cujus* non habitant du royaume et ses successibles quelconques.

La déduction du passif n'est admise que dans les successions des habitants du royaume, donc seulement à propos des deux premières catégories de droits. Cette déduction s'effectue ainsi qu'il suit : 1° les *droits de mutation en ligne directe* sont exclusivement perçus sur la valeur des immeubles sis dans le royaume et des rentes et créances hypothéquées sur des immeubles. Il n'est déduit de cette valeur que les dettes hypothécaires grevant les biens soumis à l'impôt ; 2° les *droits de succes-*

(1) V. rapport précité de M. Cordelet, p. 309 et 310.

*sion en ligne collatérale* frappent la valeur de tout ce qui est recueilli dans la succession d'un habitant du royaume, quel que soit le pays de la situation des biens. Les seules dettes dont la déduction est admise sont les suivantes (loi 27 déc. 1817, art. 12) :

1° Dettes à la charge du défunt, constatées par des actes ou d'autres preuves légales avec les intérêts dus au jour du décès ; 2° dettes relatives à la profession du défunt, telles qu'elles existent au jour du décès ; 3° dettes relatives à la dépense domestique au jour du décès ; 4° charges publiques provinciales ou communales, impositions pour l'entretien des polders, des moulins à pomper l'eau et autres contributions de cette nature au jour du décès ; 5° frais funéraires (1).

### § 2. *Mesures votées par la Chambre des députés.*

L'article 1er du projet voté par la Chambre le 22 novembre 1895 pose en principe que les dettes à la charge du défunt seront toutes déduites, pourvu que leur existence au jour de l'ouverture de la succession se trouve dûment justifiée ; à ce principe l'article 2 apporte cinq exceptions. Examinons successivement la règle et l'exception.

L'article 1er est ainsi conçu : « Pour la liquidation et le paiement des droits de mutation par décès seront déduites les dettes à la charge du défunt, dont l'existence au jour de l'ouverture de la succession sera dûment justifiée, savoir : pour les dettes civiles par des

(1) La loi du 17 décembre 1851, art. 11 et 12, énumère toute une série de dettes dont la déduction n'est pas admise.

titres susceptibles de faire preuve en justice contre le défunt et pour les dettes commerciales, par ses livres de commerce.

« Les dettes dont la déduction sera demandée seront détaillées article par article, dans un inventaire sur papier non timbré, qui sera déposé au bureau lors de la déclaration de la succession et certifié par le déclarant(1).

« Toute dette au sujet de laquelle l'administration aura jugé les justifications insuffisantes sera écartée pour la perception des droits, sauf aux parties à se pouvoir en restitution, s'il y a lieu. »

Ce texte est assurément conçu dans un esprit très libéral; il admet la déduction de toutes les dettes dont l'existence se trouve suffisamment établie. Ce n'est pas sans de longues discussions que l'accord a pu être réalisé sur ce point. En cette délicate matière, en effet, deux opinions principales ont été soutenues. Dans tous les projets de réforme antérieurs à 1895, même dans les

(1) Cet article a été complété ainsi qu'il suit par l'art. 3 de la commission du Sénat : « A l'appui de leur demande en déduction, les héritiers ou leurs représentants devront indiquer soit la date de l'acte, le nom et la résidence de l'officier public qui l'a reçu, soit la date du jugement et la juridiction dont il émane; ils devront représenter tous autres titres ou en produire une copie collationnée sur papier non timbré. Le créancier ne pourra, sous peine de dommages-intérêts, se refuser à communiquer le titre sous récépissé ou à en laisser prendre sans déplacement une copie collationnée par un notaire ou un greffier. Cette copie portera la mention de sa destination; elle sera dispensée du timbre et de l'enregistrement tant qu'il n'en sera pas fait usage, soit par acte public, soit en justice ou devant toute autre autorité constituée. Elle ne rendra pas elle-même obligatoire l'enregistrement du titre. (*J. O.*, *Sénat*, séance du 2 mars 1900, p. 84).

plus hardis à d'autres égards, on n'admet la déduction que pour les dettes résultant d'actes authentiques et de jugements ou d'actes sous seings privés enregistrés ou ayant acquis date certaine avant l'ouverture de la succession. Au contraire, dans son rapport sur le projet de de loi de M. Poincaré fait au nom de la commission du budget de 1895, M. Doumer étend la déduction à toutes les dettes civiles établies par des titres susceptibles de faire preuve en justice et aux dettes commerciales justifiées par des livres de commerce (1). Cette dernière manière de voir a été consacrée par la Chambre.

Nous n'hésitons pas, pour notre part, à nous prononcer dans ce dernier sens. La justice exige, en effet, que toute dette dont l'existence peut être prouvée par un moyen quelconque soit déduite de la succession. On objecte qu'il importe ici avant tout d'éviter d'engager nos finances dans un inconnu redoutable. Or il est impossible de calculer avec une approximation suffisante les conséquences qu'entraînerait une pareille réforme. C'est à peine si l'on est exactement fixé, dit-on, sur l'importance du passif hypothécaire; mais il est tout à fait impossible de dire le chiffre du passif résultant d'actes sous signatures privées ou du passif commercial. En édictant la réforme que nous demandons, on ferait donc un sacrifice dont on ignorerait l'importance et l'équilibre du budget serait inévitablement rompu.

A cette première considération on en ajoute d'autres qui ne sont pas sans valeur. En ce qui concerne les dettes constatées par des actes sous seings privés, on fait re-

(1) Rapport supplémentaire du 22 octobre 1895, *Chambres*, *Doc. parl.*, 1895, n° 1553, p. 893 ss.

marquer que « l'acte sous signatures privées dont il est si facile de détruire les effets apparents par une contre-lettre simultanée, se prête, pour ainsi dire sans danger, à la simulation de dettes sans existence réelle » (1). En ce qui concerne le passif commercial, et pour s'opposer à sa déduction, on soutient que, le plus souvent, ce passif est gagé par un actif correspondant. Le commerçant qui souscrit des billets ou sur lequel ont été tirées des lettres de change possède, en effet, dans son portefeuille d'autres papiers de commerce qui le rendent créancier et qui, à raison de leur nature, échappent, en fait, presque toujours au droit de mutation par décès; il s'établit dès lors une sorte de compensation s'opérant par l'émission et le paiement du papier à dates rapprochées. L'on ajoute enfin que la déduction des dettes commerciales nécessiterait la représentation des livres de commerce : pour ces dettes, tous les genres de preuve ne sauraient être admis, puisque, nous venons de le dire, elles correspondent à un actif facile à dissimuler; si l'on autorise la déduction du montant des effets de commerce souscrits par un négociant, ce ne peut être qu'à la condition de donner au fisc les moyens de saisir les créances à court terme résultant des traites qui engagent des tiers vis-à-vis de ce même commerçant. L'unique moyen de garantir l'administration de la fraude consistant à dissimuler l'actif commercial serait donc d'exiger des héritiers la représentation des livres de leur auteur, et encore, ce procédé de vérification laisserait-il place à bien des incertitudes. Il paraît difficile d'imposer cette exigence,

(1) Projet de loi de M. Burdeau, *Chambres*, *Doc. parl.*, 1894, p. 124.

si contraire aux usages du commerce, et de faire intervenir les agents du Trésor dans des opérations aussi confidentielles.

Toutes ces objections ont une très grande force ; elles ne sauraient cependant nous convaincre.

Tout d'abord, le projet de loi reconnaît au receveur de l'Enregistrement le droit d'écarter une dette, si la justification fournie lui paraît insuffisante, sauf aux parties à demander la restitution, s'il y a lieu. Sans doute, nous sommes persuadé que les agents du Trésor ne méconnaîtront pas l'esprit libéral de la loi dans l'exercice du pouvoir d'appréciation qui leur est attribué. Cependant, nous croyons qu'il est à désirer que la place ainsi laissée à l'arbitraire soit diminuée. Il serait bon d'ajouter le paragraphe suivant, qui a été adopté par la seconde commission du Sénat : « Néanmoins, toute dette consentie par acte authentique ne pourra être écartée par l'administration, tant que celle-ci n'aura pas fait juger qu'elle est simulée ». Les actes authentiques se prêtent moins facilement à la fraude que les actes sous signatures privées, à cause de leur caractère solennel et des frais qu'ils entraînent ; il arrivera rarement que de pareils actes manquent de sincérité. Mais ils laissent quand même place à un genre de fraude très commode, celui qui consiste de la part du débiteur à dissimuler la quittance constatant sa libération.

En ce qui concerne les actes sous signatures privées, la fraude est facile. Au moment voulu, suivant l'exemple cité par M. Dufoussat au Sénat, l'auteur de la succession peut se reconnaître débiteur envers un ami d'une somme importante par une reconnaissance sous signatures privées, exigible à plusieurs années d'intervalle ; l'ami complaisant signera en même temps une quittance postdatée de la même somme censée payée par anticipation. Le débiteur ne craint rien de son créancier, puisqu'il a en mains la preuve de sa libération. Le décès arrivant, l'héritier se gardera bien de produire la quittance, obtiendra la déduction de ce passif en faisant représenter la reconnaissance par le prétendu créancier.

Y a-t-il un procédé quelconque permettant de constater ces fraudes? Parmi ceux dont nous disposons d'une façon générale, nous n'en connaissons aucun qui soit absolument efficace. En cette matière, la fraude est très facile à commettre et très difficile à constater.

M. Dufoussat a déposé au Sénat (1), en première lecture, cet amendement destiné dans une certaine mesure à éloigner la complicité d'un prétendu créancier : « Toute déclaration d'existence de dettes vaut titre pour le créancier ou du moins constitue un commencement de preuve par écrit ». Cet amendement a été renvoyé à la commission, sur la proposition de M. Caillaux, ministre des finances.

Le Sénat a voté également, en première lecture, le paragraphe suivant (art. 3) : « L'agent de l'administration aura, dans tout les cas, la faculté d'exiger l'attestation du créancier certifiant l'existence de la dette à l'époque de l'ouverture de la succession. Cette attestation, qui sera sur papier non timbré, ne pourra être refusée, sous peine de dommages-intérêts, toutes les fois qu'elle sera légitimement réclamée ».

Ces mesures peuvent avoir une certaine utilité; mais nous sommes convaincu que des pénalités très sévères

(1) *J. O.*, *Senat*, 2 mars 1900, p. 83.

seront seules réellement efficaces, pour prévenir toutes les fraudes d'une façon générale. L'art. 7 de la commission du Sénat a eu raison d'établir la solidarité pour l'amende entre le déclarant et le prétendu créancier, en en faisant supporter définitivement un tiers à ce dernier.

Il faut de plus (et c'est un des meilleurs moyens de faire peser l'impôt sur l'actif tout entier) que la durée de la prescription soit au moins de dix ou de quinze ans; on devrait enfin, toutes les fois qu'il y a eu fraude indubitablement concertée entre le déclarant et son complice, appliquer la prescription trentenaire, car dans ce cas, il y a eu vol manifeste commis au préjudice du Trésor.

Quant aux dettes commerciales, il est peu probable que les livres exigés par le code soient falsifiés spécialement pour faire admettre une dette. Aussi, à la condition qu'ils soient bien tenus, on peut y ajouter foi. Si les commerçants ne veulent pas produire leurs livres, ils n'y seront, bien entendu, pas obligés, mais ils renonceront par là même au bénéfice de la déduction de cette catégorie de dettes. Cette représentation des livres de commerce (1), en même temps qu'elle fournira les justifications nécessaires à la distraction du passif, donnera indirectement une compensation de recettes : les

(1) Nous avouons d'ailleurs que la représentation des livres de commerce est un procédé de vérification bien imparfait; il donnera lieu à des lenteurs et souvent à des difficultés sérieuses pour les agents de perception et aboutira presque à des impossibilités pour l'exercice régulier du contrôle de l'inspection. Ce mode de preuve présente néanmoins des garanties très suffisantes contre la fraude et, à défaut d'autres, il peut être employé utilement. Du reste, l'administration reste toujours libre, sauf recours des parties, d'écarter les dettes qui ne lui semblent pas clairement justifiées.

agents du Trésor auront ainsi, en effet, des données sérieuses sur l'actif constitué par les valeurs à court terme et les marchandises en magasin. Cet actif est fréquemment dissimulé aujourd'hui en l'absence de presque tout moyen de contrôle.

Nous n'avons pas la prétention de croire que ces seules mesures suffiront à parer aux multiples ingéniosités de la fraude; c'est là une chose impossible. La question de la déduction du passif a été retournée et examinée sous toutes ses faces; elle est discutée depuis si longtemps qu'aujourd'hui il n'est aucune de ses parties qui n'ait fait l'objet d'un examen théorique approfondi. Reste l'application du principe. Son fonctionnement sera probablement bien imparfait au début, car nous croyons fermement que seule l'expérience pourra éclairer les esprits sur les moyens vraiment pratiques d'empêcher la fraude de se produire.

Nos contradicteurs insistent cependant et présentent une objection tirée de l'impossibilité où l'on se trouve actuellement de déterminer, d'une façon précise, le montant du passif chirographaire et du passif commercial. Cette objection est extrêmement forte et néanmoins nous croyons qu'il est nécessaire de passer outre. Les partisans de la limitation de la déduction aux dettes authentiques nous représentent tous cette limitation comme provisoire; ils déclarent formellement qu'ils feront plus tard profiter de la déduction toutes les dettes chirographaires. N'y a-t-il pas là la condamnation de leur doctrine? L'objection par laquelle ils voudraient nous arrêter ne subsistera-t-elle pas toujours? Dès lors, on ne voit pas pourquoi on retarderait encore le vote d'une réforme qu'on attend depuis près d'un siècle. Les pays étrangers, ainsi qu'on l'a vu ont repoussé cette limitation et il n'en est résulté pour eux aucune conséquence fâcheuse. Nous n'avons pas de motifs pour nous montrer plus timorés. Il suffit de tenir un compte suffisant de la moins value que produirait la réforme. M. Doumer nous semble avoir agi sagement en l'évaluant à 1/5 des produits de l'impôt (1); ce chiffre suffit pour faire la part à toutes les éventualités. En Belgique et en Alsace-Lorraine, le passif constaté ne dépasse pas 10 0/0 de l'actif brut; qu'on admette, si l'on veut, chez nous une moyenne de 20 0/0, à cause de l'insuffisance de nos moyens de contrôle. Avec de pareils chiffres l'équilibre du budget ne saurait être compromis.

Nous n'insistons pas davantage sur le principe général posé par l'article 1er du projet et nous arrivons aux exceptions énumérées dans l'article 2, qui s'exprime en ces termes :

« Art. 2. — Toutefois ne seront pas déduites :

« 1° Les dettes échues trois mois au moins avant l'ouverture de la succession, à moins qu'il ne soit produit une attestation du créancier en certifiant l'existence à cette époque;

« 2° Les dettes consenties par le défunt au profit de ses héritiers, donataires ou légataires ou de personnes interposées; — sont réputées interposées les personnes désignées dans l'article 911, dernier alinéa, du Code civil;

« 3° Les dettes reconnues par testament lesquelles, *au point de vue fiscal* (2), seront considérées comme des legs;

(1) Rapport du 22 octobre 1895, p. 897.

(2) Ces mots « au point de vue fiscal » ont été ajoutés dans le

« 4° Les dettes garanties par une inscription hypothécaire périmée; — si l'inscription n'est pas périmée, mais si le chiffre en a été réduit, l'excédent sera seul déduit, s'il y a lieu;

« 5° Les dettes résultant de titres passés ou de jugements rendus à l'étranger, *à moins qu'ils n'aient été rendus exécutoires en France*; celles qui sont hypothéquées sur des immeubles situés à l'étranger et celles qui grèvent des successions d'étrangers. »

Cet article, on le voit, établit certaines présomptions qui permettent de considérer la dette comme éteinte ou comme constituant un passif imaginaire (1). On a pensé que les dettes échues trois mois avant l'ouverture de la succession et non prorogées doivent être présumées payées. Quant aux dettes consenties par le défunt lui-même, directement ou par voie de personnes interposées, au profit de ceux qui sont appelés à recueillir sa succession, il a fallu les écarter pour ne pas donner trop de facilités à la fraude : si la déduction en avait été admise, il y aurait eu là un moyen fort commode pour les héritiers, donataires ou légataires d'échapper au paiement du droit afférent à la part qu'ils recueillent dans la succession. Cette même raison explique la disposition du paragraphe 3, selon laquelle les dettes reconnues par testament sont assimilées à des legs : c'est-à-dire que

cours de la discussion : il s'agit là d'une question controversée en droit civil et on n'a point voulu la trancher dans une loi fiscale.

(1) Ces présomptions sont admises par les législations étrangères : voy. notamment pour l'Angleterre, *la loi sur les douanes et le revenu intérieur* de 1881, art. 28, et la loi de finances de 1894, art. 1 et 2 ; pour la Belgique, la loi du 17 déc. 1851, pour l'Alsace-Lorraine, la loi du 12 juin 1889.

ces dettes seront déduites de l'actif héréditaire sous la condition de payer le droit qui frappe le legs. On n'opérera pas non plus la déduction des dettes garanties par une inscription hypothécaire périmée; le législateur a pensé que ces dettes devaient être considérées comme ayant été payées : il est parti de cette constation de fait que souvent dans la pratique, pour éviter les frais d'une radiation, on laisse périmer l'hypothèque en se contentant d'une quittance sous seings privés; la présomption de libération du débiteur résulte donc de la péremption d'hypothèque (1). Le législateur a pensé, d'autre part, qu'il y avait lieu d'établir une présomption de libération partielle au cas où il s'agit d'une inscription non périmée et dont le chiffre a été réduit.

Les dettes résultant de titres passés ou de jugements rendus à l'étranger sont également classées parmi celles qui ne peuvent être déduites à cause de l'impossibilité d'en vérifier l'existence (2). Enfin quant aux dettes exclusivement hypothéquées sur des immeubles situés à l'étranger, il a paru qu'elles ne devaient pas être déduites, parce que les biens qui les garantissent ne sont pas soumis à l'impôt en France. Il en est de même de celles qui dépendent de successions d'étrangers : le Trésor

(1) Dans le projet présenté, le 5 juillet 1894, par M. Dupuy-Dutemps, cette présomption n'était admise que pour les dettes hypothécaires *échues* (art. 2, 5°. *Chamb.*, *Doc. parl.*, 1894, p. 1099, 3e colonne.

(2) Toutefois le projet admet au bénéfice de la déduction les dettes résultant de jugements étrangers qui ont été rendus exécutoires en France. Ces jugements ont, en effet, été l'objet d'une procédure spéciale devant nos tribunaux; ils sont, dès lors, devenus en quelque sorte des jugements français. Cet amendement a été introduit au cours des débats parlementaires.

français n'étant pas assuré de percevoir l'impôt sur la totalité du patrimoine de ces successions, on s'est dit qu'il ne devait pas supporter la perte résultant de la déduction du passif qui les grève (1).

*Pénalités.* — Aux termes de l'article 3 du projet, « toute attestation ou déclaration ayant indûment entraîné la déduction d'une dette sera punie d'une amende égale au quart de cette dette, sans que cette amende puisse être inférieure à 200 francs en principal. Il n'est pas innové aux dispositions de l'article 32 de la loi du 22 frimaire an VII. »

Ce texte a été vivement attaqué à la Chambre par M. Léon Mougeot (2) et il a été profondément modifié par les deux commissions du Sénat. Il prend pour base de la sanction pénale, non pas précisément le préjudice causé à l'État, mais la somme ayant fait l'objet de la fausse déclaration ; en d'autres termes, il ne tient pas compte de l'importance de la fraude et il en résulte un manque de proportion dans la peine.

Prenons, pour mieux nous faire comprendre, l'exemple proposé par M. Mougeot : deux héritiers, *Primus* et *Secundus*, cèdent à la tentation de tromper le fisc et réussissent à faire admettre chacun la déduction d'une dette imaginaire de 10.000 francs. *Primus*, qui, nous le supposons, est un héritier en ligne directe et auquel il y avait lieu d'appliquer, par hypothèse, le taux de 2 p.

(1) Les précédents projets excluaient encore de la déduction quelques autres dettes, notamment « les intérêts, arrérages, loyers ou fermages excédant le terme courant. » On voulait « éviter l'emploi de justifications arbitraires, qu'il serait presque toujours impossible de vérifier. »

(2) *Chambre, Débats parl.*, 17 nov. 1895, p. 2375.

100 a ainsi lésé le Trésor d'une somme de 200 francs. *Secundus*, parent collatéral au delà du 4e degré était passible du taux de 20 p. 100; il a donc frustré le Trésor d'une somme de 2.000 francs. L'article 3 précité décide que les deux héritiers paieront la même amende, qui, dans l'espèce s'élèvera à 2.500 francs.

Il y a là, semble-t-il, quelque chose d'injuste; il serait préférable de prendre pour base de l'amende le supplément du droit exigible; on tiendrait compte ainsi du préjudice causé au Trésor et de l'importance de la fraude. C'est donc avec raison, croyons-nous, que les deux commissions du Sénat ont proposé de rédiger ainsi l'article 3 (1) « : Toute déclaration ayant indûment entraîné la déduction d'une dette sera punie d'une amende égale au triple du supplément de droit exigible ».

## SECTION III

### ÉVALUATION DES BIENS HÉRÉDITAIRES

#### § 1er. — *Immeubles.*

Nous avons vu précédemment qu'en vertu des articles 15 no 7 de la loi du 22 frimaire an VII et 2 de la loi du 21 juin 1875, la valeur des immeubles héréditaires est déterminée en capitalisant le revenu par 20 s'il s'agit d'immeubles urbains et par 25 s'il s'agit d'immeubles

(1) Rapport Cordelet, *Sénat, Doc. parl.*, 1896, p. 292; Rapport supplémentaire Dauphin, *Sénat, Doc. parl.*, 1898, p. 528. Dans les projets présentés au Sénat l'article 3 est devenu l'article 4.

ruraux. Nous avons déjà déclaré que ce mode d'évaluation ne nous paraissait point juste; nous devons maintenant entrer dans les détails et examiner d'une façon approfondie la question de la substitution, pour le calcul des droits de succession, de la valeur vénale des biens au revenu capitalisé.

La plupart des projets ou propositions de lois présentés pendant ces dernières années consacrent la réforme de l'évaluation des immeubles en capital. Citons notamment : proposition de M. Borie, 1887; projet du Gouvernement, 1888-1889; rapports de M. Jamais, 27 mars 1890 (*Ch., Doc. parl.*, 1890, p. 845) et de M. Boudenoot, 4 juillet 1892 (*Ch., Doc. parl.*, p. 1474); proposition de loi de M. Dupuy-Dutemps, 25 nov. 1893, et de M. Boudenoot, 30 nov. 1893; projet du Gouvernement (M. Burdeau), 8 février 1894; projet rectifié de la commission, 5 juillet 1894 (*Ch., Doc. parl.*, 1894, t. I, p. 1089); projet du Gouvernement (M. Poincaré), 24 juillet 1894; rapport de M. Doumer, 10 nov. 1894 (*Ch., Doc. parl.*, 1894, t. II, p. 1081).

Cependant, malgré ce mouvement d'opinion, le projet de loi voté par la Chambre des députés, maintient l'ancien état de choses. Il en est de même des projets rédigés par les deux commissions du Sénat. Toutefois, après le dépôt de son rapport, la première commission du Sénat inséra après l'article 7 de son projet de loi, un article nouveau ainsi conçu : « L'administion aura la faculté de liquider le droit de mutation par décès sur la valeur vénale en ce qui concerne les immeubles dont la destination actuelle n'est pas de procurer un revenu » (1).

(1) *Sénat, Doc. parl.*, 1898, p. 527.

Cette disposition a été reproduite dans le texte rédigé par la seconde commission du Sénat (1).

M. Doumer qui, dans son premier rapport sur le projet Poincaré, soutenait énergiquement le principe de la substitution de la valeur vénale des biens au revenu capitalisé (2), s'est prononcé en sens contraire dans son rapport supplémentaire et il justifie en ces termes sa nouvelle manière de voir (3) : « Ce sont des raisons de fait qui nous ont déterminés au maintien du *statu quo*. Substituer la valeur vénale au revenu capitalisé, comme il l'est actuellement au denier 25, c'était imposer un surcroît de charge à la propriété rurale dont le revenu est presque toujours inférieur à 4 0/0, et dont la situation, à l'heure présente, n'est pas tellement prospère qu'on ait le droit de la surcharger. En outre, l'administration a, de longue main, amassé une foule de documents et de renseignements sur le revenu des biens ruraux, qui lui permettent de contrôler les déclarations des héritiers ou légataires. C'était perdre, au grand détriment du Trésor, le fruit de ce patient travail que d'abandonner la méthode du revenu capitalisé ».

Nous ne saurions, quant à nous, admettre cette argumentation; nous sommes partisan convaincu de l'évaluation en capital des immeubles héréditaires pour le calcul des droits de mutation par décès. Le régime actuel se heurte aux objections suivantes qui nous paraissent décisives :

1° Tout d'abord, et en thèse générale, rien n'est aussi

(1) *Sénat, Doc. parl.*, 1898, p. 529.
(2) *Chambre, Doc. parl.*, 1894, t. II, p. 1485.
(3) *Chambre, Doc. parl.*, 1895, p. 898.

arbitraire que la méthode qui consiste à déterminer la valeur d'un immeuble d'après un rapport *fixe* établi entre le revenu et le capital. Il est tout à fait impossible de soutenir que la proportion qui existe entre le revenu et le capital soit la même dans tous les cas, et quelle que soit la nature de l'immeuble en cause. Il y a de très nombreuses distinctions à établir, notamment il faut distinguer selon que l'immeuble est sujet ou non à dépérissement.

On objecte que la loi du 23 juin 1875 a suffisamment corrigé sur ce point la loi de frimaire, en prescrivant de capitaliser le revenu par 25 pour les immeubles ruraux et par 20 pour les immeubles urbains. C'est là, en effet, une disposition qui atténue heureusement les inconvénients du système; elle n'en fait point cependant disparaître complètement les résultats fâcheux. Le taux de capitalisation choisi par la loi n'en reste pas moins nécessairement arbitraire; quel que soit ce taux, du moment qu'il est fixé d'une façon uniforme, le même pour tous les immeubles de la même catégorie, dans la majorité des hypothèses il ne donnera pas des résultats exacts; il y a là un vice inhérent au système et qui doit le faire rejeter sans hésitation.

2° Si nous nous plaçons maintenant au point de vue spécial de la perception des droits de mutation par décès et de l'application qui a été faite en cette matière du système que nous venons de critiquer, il est difficile de nier combien cette application a été défectueuse. La législation actuelle fait subir de telles pertes au Trésor qu'elle rend impossible la réforme de la déduction du passif.

C'est qu'en effet la valeur que l'on obtient en multipliant le revenu par 20 ou 25 est manifestement inférieure à la valeur réelle de l'immeuble. Une terre qui se vendrait 100.000 francs, donne à peine un revenu de 3.000 francs, soit, au denier 25, un capital de 75.000 francs pour la liquidation des droits de succession. Dans ces conditions, il faut renoncer à la réforme de la déduction du passif. Supposons, en effet, une succession ne comprenant qu'une terre rapportant 3.000 francs de revenus et ayant un passif de 75.000 francs. Cet immeuble, qui en réalité vaut 100.000 francs, sera estimé 75.000 francs pour la perception du droit de mutation; le fisc ne percevra aucun droit, si l'on déduit le passif de l'actif, et l'héritier n'en recueillera pas moins une valeur de 25.000 francs.

3° Ce n'est pas tout. La substitution de la valeur vénale au revenu capitalisé permettrait d'atteindre les hôtels particuliers, propriétés d'agrément, parcs, châteaux, villas, etc.,; les domaines de ce genre, entourés souvent de vastes dépendances, donnent en général un revenu médiocre et possèdent cependant une valeur considérable. Il est clair que le mode d'évaluation de la loi de frimaire favorise injustement ceux qui les recueillent. On a cependant essayé de justifier sur ce point la législation actuelle. « Un impôt successoral bien établi, dit M. Audé (1), doit surtout avoir pour résultat de frapper les contribuables proportionnellement à l'augmentation des ressources annuelles qui résultent pour chacun d'eux de l'hérédité, de même que les différentes contributions assises directement ou indirectement sur le revenu doivent consister en une quote-part de ce revenu, c'est-à-dire de la faculté contributive prudemment envisagée.

(1) Thèse de doctorat, Paris, 1896, p. 75.

Or les propriétés d'agrément sont presque toutes dispendieuses pour ceux qui les possèdent ».

Ces considérations reposent à notre avis sur une fausse conception des droits de mutation par décès. Il s'agit ici d'un impôt de mutation, c'est-à-dire d'une taxe établie à raison des changements opérés dans la propriété ou l'usufruit des choses. En fait, c'est un impôt sur le capital. Comment dès lors soutenir qu'il n'y a pas lieu de tenir compte de la valeur du capital transmis? C'est là une doctrine qui ne résiste pas à l'examen et qui d'ailleurs est en contradiction avec le système même de la loi de frimaire; dans ce système, en effet, l'impôt ne frappe pas le revenu, il frappe le capital; seulement, pour déterminer le capital, on prend pour base le revenu qu'il produit.

Il y a donc, semble-t-il, une contradiction dans la loi et cette contradiction, quoi qu'on puisse dire, n'est pas suffisamment justifiée. On dit qu'il y a lieu d'accorder un tarif de faveur aux propriétés d'agrément « parce qu'elles sont presque toutes dispendieuses à ceux qui les possèdent ».

Cela n'est pas admissible : l'héritier, en effet, est libre d'aliéner son immeuble improductif, et même, sans recourir à cette ressource extrême, il lui est facile, dans la majorité des hypothèses, soit en transformant, soit en louant sa propriété, de la rendre productive de revenus. Il est donc maître de s'indemniser en quelque sorte de l'impôt successoral qu'il a été obligé d'acquitter, et, de toute façon, il nous paraît moins à plaindre que le modeste héritier de quelques parcelles de terre cultivée.

4° Enfin voici une condition pratique d'une importance capitale : on dit que le système actuel, quelque inconvénient qu'il puisse avoir, présente du moins cet immense avantage de fermer la porte à la fraude. Le capital, en effet, est déterminé d'après le revenu et le revenu lui-même est connu, d'une façon certaine, par le prix des baux courants. Or, si l'on prenait pour base du calcul de l'impôt la valeur vénale de l'immeuble, dans bien des cas on n'aurait aucune indication sérieuse pour déterminer cette valeur vénale ; si le bien se trouvait, en effet, depuis longtemps entre les mains du défunt, peut-être même de ses auteurs, si d'autre part il ne fait pas l'objet d'une vente ou n'est pas compris dans un inventaire peu de temps après l'ouverture de la succession, on est obligé de s'en rapporter à la déclaration estimative de l'héritier, c'est-à-dire que l'administration est complètement sacrifiée au contribuable.

Rien de plus faux, à notre avis, que cette argumentation. Tout d'abord, on part de cette idée que le revenu de l'immeuble sera indiqué par le prix des baux courants. Sans doute, mais encore faut-il que cet immeuble ne soit pas occupé ou exploité par le propriétaire lui-même. Ce dernier cas est, il est vrai, l'exception en ce qui concerne les immeubles urbains, *mais il est la règle pour les propriétés rurales.* C'est là un fait qui n'est pas niable et sur lequel tous les économistes sont d'accord.

En France, dit M. Gide (1), « il n'y a guère plus du tiers des terres, 36 0/0 seulement, qui soient sous le régime du fermage, 12 0/0 en métayage et 52 0/0 exploitées par le propriétaire lui-même (2). On voit donc que,

(1) *Principes d'économie politique*, 6e éd., 1898, p. 527, note 2.

(2) Il est à peine besoin de faire observer qu'au point de vue qui nous occupe, le *métayage* doit être assimilé au *faire-valoir direct*,

pour la plupart des terres, le critérium adopté par la loi, pour établir le revenu, fait défaut. Il devient alors extrêmement difficile de se rendre compte du revenu réel de la terre; on est dans la nécessité de recourir aux évaluations des parties. Ces évaluations sont le plus souvent bien au-dessous du revenu réel et l'Administration est trop souvent impuissante à démontrer leur inexactitude. La loi de frimaire déclare bien que les insuffisances d'évaluation en revenu sont constatées par voie d'expertise, mais en pratique cette disposition est peu appliquée. Il faudrait, en effet, pour réprimer la fraude, procéder à des expertises longues et coûteuses; on hésite d'autant plus à engager cette procédure que le fisc n'a vraiment pas de moyen pour déterminer le revenu réel; en dehors de l'hypothèse, qui ne se rencontre pas toujours, où l'immeuble aurait été assez récemment loué ou affermé, on ne voit pas de procédés certains pour connaître son revenu.

Abandonnons donc cette idée d'après laquelle la loi de frimaire fournirait un *critérium* précis pour déterminer dans tous les cas le revenu, et par suite la valeur, des immeubles héréditaires. Cela posé, on est mal fondé à nous présenter comme un vice radical du système de l'évaluation des immeubles d'après leur valeur vénale, le défaut de critérium pour cette évaluation. La difficulté existe dans les deux méthodes, et même si l'on veut absolument placer la question sur ce terrain, on s'aperçoit, en pénétrant au fond des choses, qu'ici encore l'avantage est pour le système que nous proposons.

puisque le métayer ne paie pas un prix en argent, mais donne seulement au propriétaire la moitié des fruits.

D'une part, en effet, on avouera que les cas dans lesquels la propriété se trouve immobilisée dans les mains d'une même personne pendant un demi-siècle ou plus sont l'exception. Sans doute la législation actuelle apporte des entraves plus ou moins grandes au droit d'aliénation et d'acquisition de la propriété immobilière (1) et il est impossible de disposer de la terre avec la même facilité que d'un objet mobilier. Néanmoins il est certain que la propriété immobilière, et notamment la propriété rurale, évolue progressivement et que l'on tend de plus en plus à faciliter la transmission des immeubles. Dans divers pays étrangers on a réalisé ce que l'on a appelé la *mobilisation* de la propriété foncière et depuis quelques années on fait campagne pour introduire le système en France. Quoi qu'il en soit, et pour nous en tenir à l'état actuel des choses, on a calculé que les mutations de propriété se produisent en moyenne tous les vingt ans; c'est sur cette base qu'est établie la taxe des biens de mainmorte et on peut la considérer comme exacte. Il est donc tout à fait faux de prétendre que l'évaluation des immeubles ne peut être établie d'après les prix de vente, parce que ces immeubles restent pendant un demi-siècle ou plus dans les mêmes mains.

D'autre part, dans les cas exceptionnels où l'on sera obligé de recourir à l'expertise, on ne se heurtera pas aux difficultés que nous signalions tout à l'heure en ce qui concerne l'expertise des revenus de l'immeuble. L'expertise est un moyen de contrôle qui très certaine-

(1) Il suffit de rappeler l'inaliénabilité des immeubles des femmes mariées sous le régime dotal ou des enfants en tutelle, les formalités exigées pour le transfert des immeubles, les droits très élevés qui frappent ces mutations, etc.

ment présente beaucoup d'inconvénients et ne donne pas toujours des résultats exacts; cependant nul ne contestera que c'est lorsqu'il s'agit de déterminer la valeur en capital d'un immeuble que ce mode d'évaluation offre le plus de chances d'exactitude; pour la fixation des revenus de la terre, il ne présente guère de garanties et il est extrêmement fâcheux d'avoir à y recourir.

Nous ajouterons, pour en terminer avec cette discussion, que, dans la plupart des cas, la valeur vénale d'un immeuble est beaucoup moins variable que son revenu. De plus, si l'administration possède, comme l'a fait remarquer M. Doumer, une grande quantité de renseignements sur le revenu des biens, elle en possède également un très grand nombre sur leur valeur en capital. Ces documents, qui se contrôlent les uns les autres, seraient tous utilisés; connaissant, en effet, le prix des baux et le taux moyen de l'intérêt dans une région donnée, il serait facile d'obtenir une évaluation en capital à peu près exacte.

La réforme que nous demandons a déjà été réalisée dans presque toutes les législations étrangères (1). Seules la Belgique et l'Alsace-Lorraine ont conservé un système analogue au nôtre.

En Belgique (2), la loi du 17 décembre 1831, consacre trois modes de fixation de l'assiette de l'impôt :

1° La valeur de certains immeubles, par exemple de

(1) Cf. Audé, *op. cit.*, p. 76 ss. En Angleterre, la valeur imposable était calculée, récemment encore, d'après le revenu capitalisé de l'immeuble. Ce système a été abandonné par la loi de finances de 1894 qui a décidé que désormais l'impôt serait liquidé sur la valeur vénale. Cf. *Bull. de stat. et de lég. comp.*, 1894, p. 472.

(2) *Rev. pol. et parl.*, 1894, 2, 447 ss.

ceux situés à l'étranger, est déterminée en multipliant le le revenu annuel par 20 ou 30, suivant qu'il s'agit de propriétés bâties ou non bâties;

2° Pour d'autres immeubles, la proportion qui est censée représenter le rapport du revenu au capital est fixé périodiquement par le gouvernement. En fait cette proportion a varié de 20 à 70 pour les immeubles urbains, de 20 à 60 pour les immeubles ruraux ;

3° Les successibles sont autorisés à faire procéder, à leurs frais, à l'estimation de l'immeuble imposable. Cette estimation sert alors de base à la perception de la taxe.

En Alsace-Lorraine (1), on applique en principe les dispositions de l'art. 15 n° 7 de la loi de frimaire, sur l'évaluation des immeubles (loi 12 juin 1889). Cette règle souffre cependant quelques exceptions peu importantes.

### § 2. — *Meubles.*

En ce qui concerne l'évaluation des biens meubles, le projet de loi voté par la Chambre des députés contient, dans son article 4, la disposition suivante qui ne figurait pas dans le premier projet de la commission de la Chambre :

« L'art. 3 de la loi du 21 juin 1875 est modifié ainsi suit :

« La valeur de la propriété des biens meubles est déterminée, pour la liquidation et le paiement du droit de mutation par décès :

« 1° Par l'estimation contenue dans les inventaires ou autres actes passés dans les deux années du décès;

(1) *Bull. de stat. et de lég. comp.*, juillet 1889.

« 2° Par le prix exprimé dans les actes de vente, lorsque cette vente a lieu publiquement et dans les deux années qui suivent le décès. Cette disposition s'applique aux objets inventoriés et estimés conformément au paragraphe 1er et dont l'évaluation serait inférieure au prix de la vente ;

« 3° A défaut d'inventaires ou d'actes de vente, en prenant pour base 60 p. 100 de l'évaluation faite dans les polices d'assurances (1) en cours au jour du décès et souscrites par le défunt ou ses auteurs moins de cinq ans avant l'ouverture de la succession ;

« 4° Enfin, à défaut de toutes les bases d'évaluation établies aux paragraphes précédents, par la déclaration faite conformément au paragraphe 8 de l'article 14 de la loi du 22 frimaire an VII.

« L'insuffisance dans l'estimation des valeurs déclarées sera punie d'un droit en sus si elle résulte d'un acte antérieur à la déclaration. Si, au contraire, l'acte est postérieur à cette déclaration, il ne sera perçu qu'un droit simple sur la différence existant entre l'estimation des parties et l'évaluation contenue aux actes.

« Les dispositions qui précèdent ne sont applicables ni aux rentes, actions, obligations, effets publics et tous

(1) Le texte proposé par M. Doumer dans son rapport du 22 octobre 1895 (*Chambre, Doc. parl.*, 1895, p. 397) portait : *par l'évaluation faite dans les polices d'assurances*, et à la fin du même paragraphe 3° : *sauf aux héritiers, en cas d'évaluation exagérée dans la police à en fournir la preuve.* La nouvelle rédaction fut adoptée sur cette observation de M. Ch. Ferry qu'actuellement il n'est pas dans l'usage de déclarer dans les polices d'assurances la valeur marchande du mobilier que l'on possède : on déclare la somme qu'il faudrait dépenser en cas d'incendie pour acheter un mobilier neuf. V. *Chamb., Déb. parl.*, 26 nov. 1895, p. 2379.

autres biens meubles dont la valeur et le mode d'évaluation sont déterminés par des lois spéciales ».

Ce texte ajoute donc l'évaluation des polices d'assurances aux moyens énoncés dans la loi du 21 juin 1875 de déterminer la valeur de la propriété des biens meubles.

Il y a été introduit à la demande de l'administration, pour prévenir les fraudes trop fréquentes qui se produisent dans la déclaration de la consistance et de la valeur des meubles meublants, objets d'art, etc., qui garnissent l'habitation du défunt (1). Sous le régime de la loi de frimaire l'administration se trouvait complètement désarmée, même dans les cas d'inventaire, car la jurisprudence n'admettait pas que le prix résultant d'une vente publique pût prévaloir contre les estimations de l'inventaire; de là, dans ce dernier acte, des estimations sciemment insuffisantes et souvent dérisoires. L'article 3 de la loi du 21 juin 1875 avait bien, dans une certaine mesure, remédié à cette situation. Mais, même depuis cette loi, l'administration restait à la discrétion des parties à défaut d'inventaire ou de tout autre acte, et en l'absence de vente publique, c'est-à-dire dans l'immense majorité des cas. « On avait pensé, dit l'administration, qu'on trouverait peut-être, entre le chiffre du loyer ou de la valeur locative et la valeur des meubles, un rapport assez constant pour établir un minimum imposable en ce qui concerne l'ensemble du mobilier corporel. » Mais on reconnut que cette idée devait être abandonnée parce qu'elle donnait des résultats arbitraires. On pensa alors à utiliser les polices d'assurances

(1) V. Rapport Doumer, *loc. cit.*; Rapport de M. Cordelet au Sénat, *J. Off.*, *Sénat*, *Doc. parl.*, 1896, p. 304.

qui offrent un sérieux élément d'appréciation, en l'absence d'inventaire ou d'autres actes.

Cette innovation nous semble acceptable au moins en principe. Elle a été reproduite dans les projets de loi rédigés par les deux commissions du Sénat, mais avec quelques modifications de détail.

« Il a paru à votre commission, dit M. Cordelet dans son rapport au Sénat (1), que la généralité des termes du 3° de l'article 4 donnait à cette innovation une portée excessive et dangereuse. On a fait remarquer que les assurances sont faites pour l'année et qu'il y a des moments où elles peuvent pour ainsi dire n'avoir pas d'objet; cela est vrai des assurances de récoltes, de bestiaux pour l'engraissement et même de marchandises. » D'accord avec M. le Directeur général de l'Enregistrement, le 3° de l'article 4 a été ainsi complété : « Cette disposition ne s'applique pas aux polices d'assurances concernant les récoltes, les bestiaux et les marchandises ». Avec ce correctif et la réduction de l'évaluation des polices à 50 0/0, la disposition du 3° a paru acceptable.

Le 3° est donc ainsi rédigé : « A défaut d'inventaire, d'actes ou de vente, en prenant pour base 50 p. 100 de l'évaluation faite dans les polices d'assurances en cours au jour du décès et souscrites par le défunt ou ses auteurs moins de cinq ans avant l'ouverture de la succession. Cette disposition ne s'applique pas aux polices d'assurances concernant les récoltes, les bestiaux et les marchandises. »

Ce texte ainsi amendé a été reproduit dans le projet

(1) 9 juillet 1896, *Sénat, Doc. parl.*, 1896, p. 304.

rédigé par la seconde commission du Sénat (1); mais un article 19 au titre des *Dispositions transitoires* déclare formellement que cette disposition ne sera pas applicable aux polices souscrites avant la promulgation de la loi, à moins qu'il ne soit prouvé que les évaluations de ces polices ne sont pas exagérées. « Les évaluations des polices d'assurances, dit M. Dauphin, rapporteur de la Commission (2), sont, dans l'usage aujourd'hui souvent exagérées, soit par l'affection pour les meubles possédés, soit par le désir qu'encouragent les compagnies d'assurances d'augmenter les primes. Il est donc juste de ne donner force probante qu'à celles des polices qui auront été contractées en connaissance de cause, après la promulgation de la loi et d'admettre la preuve contraire pour celles passées avant cette promulgation ».

Cette considération paraît au premier abord tout à fait équitable. Nous ne croyons cependant pas qu'il y ait lieu d'en tenir compte. La première commission du Sénat avait songé, elle aussi, à restreindre dans ce sens l'application de l'article 3, 4°; mais elle a abandonné cette idée, avec raison selon nous, à cause de la réduction à 50 0/0 de l'évaluation des polices et de la possibilité de corriger par des avenants les polices anciennes (3).

(1) Rapport supplémentaire de M. Dauphin, *Sénat*, *Doc. parl.*, 1898, p. 528.

(2) *Loc. cit.*, p. 527.

(3) Rapport Cordelet, p. 304. — Terminons, en ce qui concerne cette question des polices d'assurances, en mentionnant l'observation suivante que nous empruntons encore au savant travail de M. Cordelet : « On a exprimé la crainte, dit l'honorable sénateur, que pour échapper à l'art. 4, 3°, on ne s'adresse de préférence aux compagnies d'assurances étrangères n'ayant pas de succursales en France. Mais la perspective, pour l'assuré, d'être obligé, le cas

## SECTION IV

### ÉVALUATION DE LA NUE PROPRIÉTÉ ET DE L'USUFRUIT

Nous connaissons déjà le système adopté par la loi de frimaire relativement aux transmissions de nue propriété et d'usufruit, système qui consiste à évaluer uniformément l'usufruit à la moitié de la valeur entière de l'objet sur lequel il porte, quel que soit l'âge de l'usufruitier. Nous avons critiqué cette disposition de notre loi qui, à aucun point de vue, ne soutient l'examen et dont l'abrogation est universellement demandée.

Quelques pays étrangers n'ont pas encore renoncé à ces vieux errements (1); citons entre autres l'Espagne loi 26 sept. 1892), le grand-duché de Bade (ord. du 18 mai 1855, art. 71), la Belgique (loi 27 déc. 1817, art. 17), la Russie (règlement de juillet 1882, art. 7) et certains cantons suisses (2).

Les autres législations, au contraire, se sont sur ce point séparées de la nôtre, et c'est avec raison (3). La valeur de l'usufruit doit en effet être calculée d'après l'âge de l'usufruitier. C'est là un principe évident et au-

échéant, d'aller plaider à l'étranger suffira pour écarter ce danger des compagnies françaises » (*loc. cit.*).

(1) *Rev. pol. et parl.*, 1894, 2, p. 449 ss.

(2) Dans tous ces pays, la valeur de l'usufruit est fixée à la moitié de la pleine propriété, sauf en Espagne où elle est fixée au quart et dans le grand-duché de Bade où on l'évalue aux 2/5.

(3) *Sic*, Angleterre, Pays-Bas, canton de Genève (loi 18 juin 1870), Allemagne (V. pour la Prusse, lois 30 mai 1872 et 13 juin 1891 ; la Bavière, loi 18 août 1879 ; l'Alsace-Lorraine, loi 12 juin 1889).

jourd'hui personne ne songe plus à le contester. Toute la difficulté consiste dès lors à asseoir sur des bases vraiment scientifiques les probabilités, tirées de l'âge de l'usufruitier, d'après lesquelles on apprécie la valeur de l'usufruit et, par voie de conséquence, celle de la nue propriété.

Or on peut dire que sur ce point aussi l'accord est à peu près établi. En fait depuis le projet du Gouvernement, du 20 mars 1880, les bases de la combinaison alors élaborées pour le calcul de l'usufruit, ont été reproduites presque sans changement dans tous les projets postérieurs. C'est qu'en effet, pour établir les diverses périodes entre lesquelles on a partagé la vie présumée de l'usufruitier et pour calculer les tarifs qui s'y appliquent, on s'est servi des tables de mortalité dressées par les compagnies d'assurances et qui présentent avec une précision rigoureusement mathématique des moyennes sur la durée probable de la vie humaine. Dans ces conditions on arrive à une répartition aussi équitable que possible de l'impôt et certainement bien supérieure à celle qui résulte du système adopté par le législateur de l'an VII.

Nous adoptons sans hésitation, quant à nous, les dispositions des articles 5 et 6 du projet de loi voté par la Chambre des députés qui règlent l'évaluation de l'usufruit et de la nue propriété de la manière suivante (1) :

« Art. 5. — La valeur de la nue propriété et de l'usufruit des biens meubles et immeubles est déterminée pour la liquidation et le paiement du droit proportionnel, ainsi qu'il suit, savoir :

« 1° Pour les transmissions à titre onéreux de biens

(1) Ces articles sont la reproduction littérale des art. 9 et 10 du projet Burdeau.

autres que créances, rentes ou pensions par le prix exprimé, en y ajoutant toutes les charges du capital, sauf application des articles 17 de la loi du 22 frimaire an VII et 13 de celle du 23 août 1871 ;

« 2° Pour les échanges et pour les transmissions entre vifs à titre gratuit ou celles qui s'opèrent par décès, des mêmes biens, par une évaluation faite de la manière suivante : si l'usufruitier a moins de vingt ans révolus, l'usufruit est estimé aux sept dixièmes et la nue propriété aux trois dixièmes de la propriété telle qu'elle doit être évaluée d'après les règles sur l'enregistrement. Au-dessus de cet âge, cette proportion est diminuée pour l'usufruit et augmentée pour la nue propriété d'un dixième par chaque période de dix ans sans fraction. A partir de soixante-dix ans révolus de l'âge de l'usufruitier, la proportion est fixée à un dixième pour l'usufruit et à neuf dixièmes pour la nue propriété. Pour déterminer la valeur de la nue propriété, il n'est tenu compte que des usufruits ouverts au jour de la mutation de cette nue propriété. L'usufruit constitué pour une durée fixe est estimé aux deux dixièmes de la valeur de la propriété entière pour chaque période de dix ans de la durée de l'usufruit, sans fraction et sans égard à l'âge de l'usufruitier ;

« 3° Pour les créances à termes, les rentes perpétuelles ou non perpétuelles, et les pensions créées ou transmises à quelque titre que ce soit, et pour l'amortissement de ces rentes ou pensions, par une quotité de la valeur de la propriété entière établie suivant les règles indiquées au paragraphe précédent, d'après le capital déterminé par les paragraphes 2, 7 et 9 de l'article 14 de la loi du 22 frimaire an VII.

« Art. 6. — Les actes et dispositions régis par les deux derniers paragraphes de l'article 5 feront connaître la date et le lieu de la naissance de l'usufruitier, et si la naissance est arrivée hors de France ou d'Algérie, il sera en outre justifié de cette date avant l'enregistrement; à défaut de quoi il sera perçu les droits les plus élevés qui pourraient être dus au Trésor, et la perception ainsi établie ne donnera lieu à aucune restitution. L'indication inexacte de la date et du lieu de naissance de l'usufruitier sera passible à titre d'amende d'un droit en sus égal au supplément du droit simple exigible. »

Les textes que nous venons de transcrire ne donnent pas une solution expresse pour le cas de réunion de l'usufruit à la nue propriété. La Chambre a refusé de voter la disposition suivante proposée par M. Rose : « Lors de la réunion de l'usufruit à la nue propriété, le nu propriétaire devra, *dans tous les cas*, compléter le payement du droit de mutation en acquittant ce droit sur une somme égale à la valeur attribuée à l'usufruit au moment où il a pris naissance (1) ».

La Chambre en repoussant cet amendement a donc décidé qu'au moment de la réunion de l'usufruit à la nue propriété, le nu propriétaire n'aura rien à payer. On a fait observer contre cette solution que l'usufruit, étant un droit réel, est un démembrement de la propriété, et qu'il se produit une véritable mutation de richesse lorsqu'il passe sur la tête du nu propriétaire; ce dernier devrait donc payer un droit de mutation partiel corres-

(1) *Chamb.*, *Débats parl.*, 16 nov. 1895, p. 2379. — Cette disposition se retrouve dans plusieurs législations étrangères : en Italie (loi du 13 sept. 7874), en Autriche (loi 9 février 1850), en Belgique (loi du 17 décembre 1851).

pondant à l'enrichissement qu'il réalise. Autrement on crée à son profit une situation de faveur, puisqu'en définitive il arrivera tôt ou tard à être plein propriétaire en supportant *au maximum* les 7/10 de l'impôt que paient les autres contribuables ; supposons, par exemple, le cas d'un nu propriétaire payant trois dixièmes de droit de mutation, cas prévu dans le projet de loi. Si l'usufruitier vient à mourir quelques mois plus tard, ce nu propriétaire se trouvera nanti d'une propriété entière après avoir purement et simplement acquitté les trois dixièmes du droit de mutation. Il y a là évidemment une injustice préjudiciable au Trésor.

On peut répondre à cela qu'il ne suffit pas d'envisager le préjudice causé au Trésor; on doit aussi tenir compte de la situation faite au nu propriétaire. Il faut convenir que l'hypothèse ci-dessus mentionnée, où un usufruitier qui a payé sur les 7/10 de la succession meurt au bout de quelques mois, est l'exception. Normalement, il peut vivre encore quarante années et, en sens contraire, le nu propriétaire qui a fait l'avance des droits sur les 3/10 de la valeur des biens, peut perdre complètement le bénéfice des sommes qu'il a versées au Trésor. Tout au moins les intérêts accumulés de cet argent compensent souvent la somme qu'il aurait payée en plus, s'il avait hérité de la pleine propriété. Il faut donc décider, avec la seconde commission du Sénat, qu' « il n'est rien dû pour la réunion de l'usufruit à la nue propriété, lorsque cette réunion a lieu par le décès de l'usufruitier ou l'expiration de la durée de l'usufruit ».

Telle est, dans ses grandes lignes, le système admis par la Chambre en ce qui concerne l'évaluation de la nue propriété et de l'usufruit. Il n'est pas à l'abri de toute critique et on a proposé de lui en substituer un autre. La situation qu'il crée au nu propriétaire est, en effet, assez fâcheuse. Ce dernier sera obligé, comme il l'est actuellement sous l'empire de la loi de frimaire, de payer immédiatement les droits de mutation, comme s'il entrait, dès le décès du *de cujus*, en jouissance de la pleine propriété. Il y a là évidemment une pratique singulière et exorbitante, puisqu'en définitive, le nu propriétaire est tenu de faire une avance au Trésor, alors qu'il ne jouit d'aucun revenu; cette avance de fonds peut d'ailleurs être très onéreuse pour lui, en le forçant souvent à recourir au crédit dans des conditions déplorables, puisqu'il ne possède qu'une nue propriété, c'est-à-dire un gage complètement improductif.

On a proposé de substituer à ce système, qui dans certains cas aboutit à des conséquences regrettables, la combinaison suivante (1) : tout en maintenant pour l'usufruit le nouveau mode d'évaluation basé sur l'âge de l'usufruitier, on demanderait au nu propriétaire la totalité du droit sur la pleine propriété, mais seulement à l'époque de l'extinction de l'usufruit. On arriverait ainsi à faire supporter à l'usufruitier une contribution en rapport avec l'importance des biens qu'il a recueillis dans la succession et à traiter le nu propriétaire, au moment de son entrée en possession, comme un légataire ou un héritier ordinaire.

Ce système a rencontré de la part de l'administration une opposition irréductible et cependant il nous semble qu'il pourrait être défendu. On objecte qu'il a le grave

(1) V. notamment la proposition de M. Maujean, député, 13 mai 1891.

inconvénient d'ajourner, en l'échelonnant sur une longue période de temps, la perception du droit de mutation sur les nues propriétés ; on ajoute qu'indépendamment de cette considération budgétaire, le système proposé serait impraticable, à raison des difficultés qu'éprouveraient les agents du fisc à suivre les dates des décès donnant ouverture aux droits sur la nue propriété (1).

Ces objections ont certainement une très grande force. Sont-elles absolument décisives? Nous ne le croyons pas. On dit que la réforme que nous demandons est irréalisable dans la pratique, mais il y a là une exagération, et la preuve en est qu'elle a été consacrée par plusieurs législations étrangères (2). Reste donc l'intérêt du Trésor qui exige, dit-on, que l'impôt soit payé immédiatement. Mais, à vrai dire, cet intérêt ne nous paraît pas aussi impérieux qu'on l'affirme et, en tout cas, s'il est nécessaire d'en tenir compte dans une certaine mesure, il importe aussi de ne pas lui sacrifier complètement celui de contribuable.

*Rentes viagères et pensions.* — On sait que, d'après l'art. 14, 9° de la loi du 22 frimaire an VII, la valeur imposable est établie pour les rentes viagères et les pensions à raison d'un capital formé de dix fois la rente ou

(1) Cf. Rapport Cordelet, *Sénat*, *Doc. parl.*, 1896, p. 293 ; rapport Dupuy-Dutemps à la Chambre des députés (*Doc. parl.*, 1894, p. 1091).

(2) Dans la plupart des États allemands notamment, le nu propriétaire a la faculté de payer immédiatement l'impôt sur la différence existant entre la valeur de la pleine propriété et celle attribuée à l'usufruit, ou d'acquitter les droits sur la valeur entière lors de la réunion de l'usufruit. V. pour la Bavière, loi du 18 août 1879 ; pour la Prusse, loi 30 mai 1872, modifiée par la loi du 13 juin 1891. — De même en Belgique et en Espagne, le nu propriétaire paie l'impôt seulement lors de la consolidation sur sa tête.

la pension. On devait logiquement proposer pour les rentes viagères et les pensions un système analogue à celui qui vient d'être esquissé pour les usufruits, car leur caractère temporaire est identique. C'est, en effet, ce que décide l'art. 5, 3° du projet de loi voté par la Chambre des députés (1). Désormais la valeur imposable des rentes et pensions serait représentée par une quotité, évaluée conformément aux règles prévues pour les usufruits, de la valeur entière en capital telle qu'elle est fixée par la loi de frimaire. A l'avenir donc, ce capital serait des 7/10, 6/10, etc., du capital ancien, c'est-à-dire de 7, 6... fois le montant de la rente annuelle.

Cette amélioration de la législation actuelle produirait d'heureux résultats. « On ne verrait plus, dit M. Audé (2), un vieux domestique, à qui son maître a laissé une rente viagère de 1.000 francs, obligé d'acquitter au taux de 11,25 0/0 un droit exorbitant de 1.125 francs, dure condition qui bien souvent le force à renoncer à son legs. S'il a plus de cinquante ans, par exemple, il paierait à l'avenir, suivant son âge, un tant pour cent de 3, 2 ou même seulement une annuité ».

## SECTION V

### RÉFORMES SECONDAIRES

#### § 1er. — *Déclaration des successions.*

Actuellement, en vertu de l'art. 27 de la loi du 22 fri-

(1) Cette disposition a été reproduite littéralement dans les projets de la première et de la seconde commission du Sénat. V. art. 6, 3° projet Cordelet; art. 8, 3° projet Dauphin.

(2) Thèse de doctorat, Paris, 1896, p. 95.

maire an VII, la déclaration de succession a lieu, en ce qui concerne les valeurs mobilières, au bureau du domicile du défunt; mais, pour les immeubles, elle doit être faite à chacun des bureaux de la situation des biens. Cette dernière disposition a été vivement critiquée et l'art. 7 du projet de loi voté par la Chambre des députés modifie sur ce point la législation de frimaire. Les conditions de la déclaration de succession à faire par les ayants-droit sont, en effet, ainsi réglées par ce texte :

« Les mutations par décès seront enregistrées *au bureau du domicile du défunt*, quelle que soit la situation des valeurs mobilières ou immobilières à déclarer. A défaut de domicile en France ou en Algérie, la déclaration sera passée *au bureau du lieu de décès*, ou, si le décès n'est survenu ni en France ni en Algérie, à celui des bureaux qui sera *désigné par l'administration*.

« Les héritiers, donataires ou légataires, leurs tuteurs ou curateurs seront tenus, comme par le passé, de souscrire une déclaration détaillée et de la signer sur le registre. Toutefois, en ce qui concerne les immeubles situés dans la circonscription de bureaux autres que celui où est passée la déclaration, le détail sera présenté, non dans cette déclaration, mais distinctement pour chaque bureau de la situation des biens, sur une formule fournie par l'administration et signée par le déclarant ».

Cet article 7 n'a pas été reproduit dans le projet préparé par la première commission du Sénat (1); nous le retrouvons, au contraire, sans qu'il ait subi aucune

(1) Rapport Cordelet, *Sénat*, *Doc. parl.*, 1896, p. 307 et 308. Le rapporteur ne nous indique d'ailleurs pas pour quelle raison la commission a cru devoir écarter cette disposition.

modification, dans le projet de la seconde commission (1).

Le texte que nous venons de transcrire n'exige donc, pour chaque succession, qu'une déclaration unique. Cette innovation est de nature à entraîner, ainsi que nous allons le voir, des conséquences singulières. Néanmoins elle est rendue absolument nécessaire par le principe de la déduction du passif et surtout par l'adoption du tarif progressif. D'une part, en effet, si l'impôt progressif était adopté, il serait impossible de calculer les droits à percevoir sans connaître la valeur de l'ensemble de la succession ; d'autre part, même en conservant le système de l'impôt proportionnel, il est évident que la déduction des dettes pourra diminuer dans de notables proportions l'importance des droits à percevoir. Dans ces conditions, on est bien obligé de centraliser dans un seul bureau toutes les opérations qui intéressent une même succession.

Dans le but de fournir à l'administration de sérieux moyens de contrôle en ce qui concerne les déclarations portant sur des immeubles éloignés du bureau de l'ouverture de la succession, on a complété l'article 7 par le troisième paragraphe que nous avons transcrit plus haut.

La situation faite aux receveurs de l'Enregistrement par le nouveau projet de loi mérite de retenir notre attention. M. Dupuy-Dutemps fait remarquer dans son rapport (2) que la déclaration unique aura une conséquence inattendue, c'est de détruire la classification

(1) Art. 10 du projet. *Sénat. Doc. parl.*, 1898, p. 529. La seconde commission aurait dû alors remplacer « registre » par « formule ».

(2) *Ch., doc. parl.*, 1894, t. II, p. 1092.

existante des bureaux d'enregistrement. « Il arrivera, en effet, écrit-il, que des successions importantes échapperont aux remises des receveurs des petites localités pour se concentrer entre les mains des receveurs des villes importantes. On sera donc obligé d'adopter dans l'avenir, pour les émoluments des agents de perception, une règle différente de celles qui ont eu cours jusqu'ici et de substituer au système des remises celui des appointements fixes ».

Il y a là évidemment une situation qu'il faudra régler le plus promptement possible, si la loi est votée par le Parlement. Le Gouvernement s'est d'ailleurs préoccupé de la question. Le ministre des finances, M. Poincaré, répondit, dans l'exposé des motifs de son projet, par les lignes que voici, à l'observation de M. Dupuy-Dutemps : « Il faut attendre, pour prendre une résolution au sujet du mode de rémunération des receveurs de l'enregistrement, que les effets des réformes actuelles puissent être appréciés. La seule mesure actuellement applicable, et selon nous elle s'impose, consiste à garantir les receveurs, jusques et y compris la troisième classe, contre les conséquences d'un affaiblissement des produits de leur bureau et pour cela à relever au chiffre intermédiaire entre le minimum et le maximum actuels, le minimum assuré à chaque classe ».

En résumé, la réforme proposée soulève de graves difficultés d'application et elle entraînera très certainement des pertes pour le Trésor. Elle nous paraît cependant la conséquence forcée de l'adoption du tarif progressif et de la déduction du passif, et c'est pour cette raison que nous la défendons.

§ 2. — *Dégrèvement des petites successions.*

On est à peu près d'accord aujourd'hui pour accorder un tarif de faveur aux petites parts successorales dans les successions entre proches parents. L'article 8 du projet de loi voté par la Chambre des députés, le 22 novembre 1895, contient la disposition suivante :

« Toutefois, pour les parts successorales nettes n'excédant pas 1.000 francs, et seulement en ligne directe, entre époux et entre frères et sœurs, les taux portés au tableau ci-dessous seront réduits de moitié et fixés ainsi :

| | |
|---|---|
| En ligne directe . . . . . . . . . . . | 0.50 0/0 |
| Entre époux . . . . . . . . . . . . | 1.875 0/0 |
| Entre frères et sœurs . . . . . . . . . | 4.25 0/0 |

« Pour les parts successorales nettes n'excédant pas 10.000 francs, et seulement entre époux et entre frères et sœurs, l'impôt sera calculé sur la part entière à un taux ainsi réduit :

| | |
|---|---|
| Entre époux . . . . . . . . . . . . . . | 3.75 0/0 |
| Entre frères et sœurs. . . . . . . . . . | 8.10 0/0 » |

Cette proposition qui se trouvait déjà contenue dans plusieurs projets ou propositions de loi antérieurs (1), a été vivement combattue et nous ne la retrouvons pas dans les propositions de loi rédigées par les deux commissions du Sénat en 1896 et en 1898.

« Le dégrèvement des petites parts successorales ne saurait être admis, a-t-on dit, parce qu'il procède de théories humanitaires mal appliquées (2) ». En effet,

(1) V. notamment proposition Dupuy-Dutemps, 25 nov. 1893 *Ch., doc. parl.*, 1893, p. 2051 ; 1894, p. 75 ; rapport de M. Dupuy-Dutemps, 5 juillet 1894, *Ch., doc. parl.*, 1894, p. 1088 ss.

(2) Audé, *Thèse de doctorat*, 1896, p. 141.

ceux qui recueillent une succession, quelque modique qu'elle soit, sont des privilégiés; presque la moitié des Français n'ont pas de part successorale (1).

Cette façon de faire dévier la question nous paraît singulière. Il ne s'agit pas de savoir si ceux qui héritent sont des êtres privilégiés et constituent une classe tout à fait exceptionnelle. C'est là d'ailleurs une théorie que nous ne sommes pas près d'admettre; mais fût-elle exacte, elle ne constituerait certes pas une objection contre la mesure que nous demandons. Le droit de succéder est un droit naturel et par conséquent ceux qui en profitent, quelque peu nombreux qu'ils puissent être, ne sauraient en aucune façon être considérés comme exerçant *en droit* un privilège: comment dès lors cette qualité de successible pourrait-elle être pour eux une cause de défaveur vis à vis de la société? Mais il vaut mieux, laissant de côté ces considérations, placer la question sur son véritable terrain.

Or s'il est vrai que les droits de mutation par décès sont parfaitement légitimes en soi, il n'est pas douteux non plus que de très graves considérations commandent au fisc de traiter avec ménagement le fils qui vient de recueillir la succession de son père, ou la femme qui vient de recueillir celle de son mari. Dans ces genres de succession le droit est souvent perçu à un moment où le redevable est gêné pour le payer; la mort du père où du frère aîné peut priver la famille d'une partie de ses revenus et il est difficile d'admettre que dans cette mutation, la plus normale et la plus nécessaire, l'État puisse prélever l'impôt sur le capital. Lorsque la succession est

(1) M. Labat, *Chambre des députés*, séance du 8 nov. 1895.

importante ce danger n'est pas à craindre, mais quand il s'agit de parts successorales minimes, et nous ne nous occupons que de celles-là, il est si évident que les atténuations votées par la Chambre n'auraient même pas dû donner lieu à discussion.

Au reste, le sacrifice consenti de cette façon par le Trésor ne serait pas bien considérable ; il se traduirait par des chiffres presque insignifiants et, dans ces conditions, il n'y a aucun motif sérieux pour repousser cette amélioration de notre régime fiscal. Rappelons enfin que, sous les régimes de la *vicesima hereditatum*, des profits féodaux et du centième denier, les successions minimes, surtout en ligne directe, étaient exonérées de tout ou partie de l'impôt.

Si nous passons maintenant aux législations modernes, nous constatons que dans un très grand nombre de pays, des dispositions de faveur sont admises pour les petites successions échues à des proches parents. Ainsi, en Bavière (loi 18 août 1879), certaines successions jusqu'à concurrence de 1.250 francs. En Prusse, les lois du 30 mai 1873 et du 12 juin 1891 combinées exemptent les mutations qui n'atteignent pas 150 marks et les dons et legs, au profit de personnes au service du décédé, jusqu'à concurrence de 900 marks.

On retrouve des dispositions du même genre (1) dans presque tous les cantons suisses, ainsi qu'en Saxe, dans le Wurtemberg, l'Autriche-Hongrie, la Roumanie, le

(1) V. pour les détails le rapport de M. Cordelet au Sénat, *Tableau comparatif des droits de succession en France et à l'étranger* (extrait du *Bulletin des Finances* d'août 1888), *Sénat, doc. parl.*, 1898, p. 312 et 313.

Grand-Duché de Bade, le Grand-Duché de Luxembourg, l'Italie, les Pays-Bas, la Russie, etc.

§ 3. — *Disposition spéciale de la ligne directe.*

L'art. 8 du projet de loi voté par la Chambre des députés contient la disposition suivante : « Les taux applicables aux parts successorales recueillies en ligne directe seront doublés lorsque, par le prédécès du père, le petit-fils héritera directement de son aïeul; ils seront triplés lorsque l'arrière-petit-fils héritera directement de son bisaïeul. Les taux de la ligne directe seront également doublés lorsque la part successorale sera recueillie dans la ligne directe ascendante, allant du fils au père, et triplés quand elle ira du petit-fils ou arrière-petit-fils à l'aïeul ou au bisaïeul ».

Le projet de loi rédigé par la première commission du Sénat ne contenait aucune disposition de ce genre. Au contraire, l'art. 1 du nouveau projet de loi préparé par la seconde commission du Sénat s'exprime ainsi (1) : « Les droits seront *doublés* en ligne directe dans tous les cas où la succession ne sera pas recueillie par les enfants ».

Ce système qui consiste à augmenter les droits de mutation dans certaines successions en ligne directe a aujourd'hui beaucoup de partisans et il se trouve reproduit dans de nombreuses propositions de loi (2); il est à craindre que bientôt il passe dans nos lois. Quant à nous,

(1) *Sénat*, *Doc. parl.*, 1898, p. 528 (Rapp. supplém. de M. Dauphin).

(2) V. notamment propositions Denys Cochin, 1er juillet 1895, art. 2 (*Ch.*, *doc. parl.*, 1895, p. 831) et 22 octobre 1895 (*ibid.*, p. 906).

nous le repoussons comme ne reposant sur aucune base scientifique, mais uniquement sur l'esprit de fiscalité.

On part de cette idée qu'il est juste de faire payer pour les transmissions d'un bien en ligne directe ce qu'il eût payé si l'ordre de la nature avait été maintenu. Or, il n'est pas dans la loi normale de la nature qu'un petit-fils hérite directement de son aïeul, ni qu'un père hérite de son fils ou un aïeul de son petit-fils. Dans tous les cas, il est donc légitime de prélever des droits supérieurs à ceux qui sont prélevés sur l'héritage recueilli par des enfants.

Tel est, à notre connaissance, le seul argument qui ait été invoqué à l'appui de ce système, et il nous paraît difficile de lui reconnaître une valeur quelconque. On dira peut-être que le fisc se trouve *lésé* lorsque la succession passe directement de l'aïeul au petit-fils. En effet, 100.000 fr. passant du père au fils, puis du fils au petit-fils, suivant l'ordre de la nature, paieraient à l'État 2.500 fr., décimes compris, d'après notre tarif actuel; si le fils hérite directement de son grand-père, il paiera 1.250 fr. seulement (1).

A notre avis, il faut laisser de côté ce genre de considérations; autrement on pourrait dire aussi bien que le fisc se trouve lésé toutes les fois que c'est un parent et non un étranger qui hérite, puisque ce parent paiera des droits de mutation moins lourds que ceux qui frappent les étrangers. En tous cas, même en acceptant ce genre de raisonnement qui séduit nos contradicteurs, il faudrait encore démontrer que les héritiers, pour lesquels on veut augmenter la taxe successorale, recueillent un

(1) M. Denys Cochin, *loc. cit.*, p. 831.

avantage assez considérable pour justifier le sacrifice qu'on leur demande.

En ce qui concerne le petit-fils qui hérite de son aïeul, on dit qu'il entrera en possession du bien plus tôt qu'il ne l'aurait dû et que cette anticipation de jouissance justifie la perception d'un double droit. Nous ne sommes pas du tout de cet avis. Loin de considérer le prédécès du père et l'anticipation de jouissance qui en résulte comme un événement heureux pour l'enfant, nous croyons que c'est là un événement tout à fait malheureux (1). « Un père administre, en général, plus fructueusement qu'un tuteur, la fortune de sa famille; les gains de son métier ou les profits de sa profession peuvent aussi lui permettre de capitaliser une part des revenus de ce patrimoine. L'orphelin mineur, au contraire, se trouve parfois dans une situation très précaire; ses protecteurs légaux doivent alors entamer son capital pour subvenir aux frais de son apprentissage ou de ses études » (2). En résumé, le système que nous combattons aboutirait à faire peser l'impôt sur des familles déjà frappées et appauvries par la mort prématurée du père ou de la mère.

Quant à l'hypothèse où la succession est échue à un ascendant, il est clair que ce dernier recueille un bénéfice inespéré et l'on comprend que certains esprits, frappés par cette idée, et sans aller au fond des choses, aient cru légitime de tripler ou de quadrupler les droits de mutation. Mais si l'on avait réfléchi, peut-être aurait-on

(1) Nous ne nous plaçons bien évidemment qu'au point de vue matériel et financier, le seul dont nous ayons à nous préoccuper ici.

(2) Audé, *op. cit.*, p. 144.

senti combien il est injuste de frapper ainsi une succession qui, suivant les probabilités de l'existence humaine, va être transmise à nouveau à bref délai et donnera lieu au paiement de nouveaux droits de mutation par décès.

Quoi qu'il en soit, si l'on veut absolument frapper de droits exceptionnels les successions dont nous nous occupons ici, au moins pourrait-on agir avec plus de modération. La disposition votée par la Chambre des députés n'est pas acceptable, puisqu'elle prétend doubler ou tripler un tarif progressif qui s'élève de 1 à 4 0/0 et qu'on aboutirait ainsi à demander, dans certains cas, en ligne directe, un impôt de 12 0/0 environ (1).

### § 4. — *Dons et legs de bienfaisance.*

Sous la législation actuellement en vigueur, les dons et legs de bienfaisance, étant assimilés, dans le silence de la loi, aux dons et legs entre étrangers, paient un impôt de 11,25 0/0. Si cette assimilation était maintenue dans la loi qui ne saurait tarder à être votée et qui relèvera les droits de mutation par décès, les dons et legs de bienfaisance seraient passibles d'un droit qui atteindrait environ 20 0/0. Il y aurait là de quoi décourager les personnes qui ont l'intention de faire des libéralités aux pauvres ; plutôt que de voir le Trésor s'adjuger une fraction aussi considérable du legs, elles préféreraient s'abstenir.

La commission de la Chambre avait d'abord laissé tous les dons et legs de bienfaisance sous l'empire des nou-

(1) Cf. *Le monde économique*, nº du 9 novembre 1895 : critiques de M. Alexis Audouard.

veaux tarifs proposés par elle en matière de successions et de donations entre vifs; il en résultait une aggravation d'impôt de 11,25 0/0 à 16,50 0/0. Cette mesure souleva de vives protestations, et MM. Léon Bourgeois, Brincard, Siegfried et quelques autres de leurs collègues demandèrent d'assimiler les dons et legs de bienfaisance aux dons et legs entre parents en ligne directe.

Pour donner satisfaction à ces réclamations, la commission proposa, dans son rapport supplémentaire, de maintenir aux libéralités en question le taux actuel de 11,25 0/0. « Au Gouvernement, comme à la commission, dit le rapporteur, M. Doumer (1), il n'a pas paru possible d'aller plus loin. Quelque intéressants que soient les dons et legs faits aux établissements de bienfaisance, il ne faut pas oublier que les biens ainsi transmis sont désormais immobilisés et ne donneront plus lieu à de nouvelles mutations et par conséquent à la perception de nouveaux droits comme s'ils allaient aux mains de particuliers ».

Cette considération qu'invoquait le rapport n'était pas sans valeur; néanmoins l'amendement que repoussait la commission ayant été reproduit en séance, la Chambre l'adopta et l'article 10 § 1 du projet de loi qu'elle a voté est ainsi conçu : « *Les tarifs édictés pour la ligne directe* sont applicables aux dons et legs faits aux départements, aux communes, aux établissements publics charitables et hospitaliers, aux sociétés de secours mutuels reconnues d'utilité publique ou seulement approuvées ».

Mais, par contre, la Chambre, statuant sur des amendements présentés par MM. G. Berry, de Lasteyrie et

(1) *Chambre, doc. parl.*, 1895, p. 901.

Brincard (1) refusa d'appliquer le même traitement de faveur aux associations charitables *reconnues d'utilité publique*. Les auteurs de ces amendements faisaient valoir qu'il n'y avait aucune raison pour réserver aux seuls établissements publics le bénéfice d'un tarif de faveur; les services rendus par les deux classes d'établissement sont les mêmes, et les uns comme les autres sont sous la main de l'État et ne peuvent accepter les dons et legs qu'avec l'autorisation du Conseil d'État. La perte, ajoutait-on, ne serait pas très importante pour le Trésor, car les libéralités qui concernent les associations en question s'élèvent annuellement à une somme de 3 millions, qui, au taux de 11,25 0/0, donne lieu au paiement d'un impôt de 337 500 francs.

Quoi qu'il en soit, la Chambre, se rendant aux arguments de son rapporteur, M. Trouillot, se refusa à entrer dans cette voie; elle considéra que, d'une part, il est difficile dans bien des cas de déterminer le caractère charitable d'une association, et que d'autre part, les établissements d'utilité publique, à la différence des établissements publics, ne secourent que qui ils veulent. Le premier paragraphe de l'article 10 fut donc voté tel que nous l'avons reproduit plus haut.

La première commission du Sénat accepta sans modification les deux derniers paragraphes de l'article 10 (2);

(1) Séance du 19 novembre 1895.

(2) Ces deux paragraphes ont été également adoptés par la seconde commission du Sénat; ils sont ainsi conçus : « A l'égard de tous biens légués aux départements, communes, hospices, bureaux de bienfaisance et tous autres établissements publics ou d'utilité publique, le délai pour le paiement des droits de mutation par décès ne courra, contre les héritiers ou légataires saisis de la suc-

mais elle repoussa complètement le premier. Tout d'abord, refusant d'assimiler les dons et legs aux établissements de bienfaisance aux dons et legs faits entre parents en ligne directe, et repoussant la graduation des droits de mutation par décès, elle proposa de soumettre les dons et legs en question à un tarif unique de 9 0/0.

En second lieu, elle étendit aux établissements charitables reconnus d'utilité publique le traitement de faveur accordé aux établissements publics.

En conséquence, elle rédigea ainsi le premier paragraphe de l'art. 10 : « Sont soumis à un droit de 9 fr. par 100 fr., sans addition de décimes, les dons et legs faits aux départements et aux communes, en tant qu'ils sont affectés par la volonté expresse du donateur ou du testateur à des œuvres d'assistance, ainsi que les dons et legs faits aux établissements publics charitables et hospitaliers, aux sociétés de secours mutuels reconnues d'utilité publique ou seulement approuvées, et à toutes autres sociétés reconnues d'utilité publique dont les ressources

cession, qu'à compter du jour où l'autorité compétente aura statué sur la demande en autorisation d'accepter le legs, sans que le paiement des droits puisse être différé au delà de deux années à compter du jour du décès. — Cette disposition ne porte pas atteinte à l'exercice du privilège que l'art. 82 de la loi du 22 frimaire an VII accorde au Trésor sur les revenus des biens à déclarer ». — La mesure édictée par l'art. 10 § 1 est réclamée depuis longtemps : actuellement, en effet, les héritiers, obligés de faire l'avance des droits de mutation dus par les établissements charitables, ne peuvent pas réclamer le montant total de l'intérêt de leurs avances, parce que le délai du paiement du droit ne court, pour les établissements bénéficiaires, que du jour du décret d'autorisation. A l'avenir le paiement du droit pourra être différé par les héritiers pendant deux années, jusqu'au décret d'autorisation. — M. Lebret, *Ch. des députés*, séance du 19 novembre 1895.

sont affectées à des œuvres d'assistance gratuite en faveur des infirmes, des malades, des indigents, des orphelins ou des enfants abandonnés. Il sera statué sur le caractère de bienfaisance de la disposition par le décret rendu en Conseil d'État ou l'arrêté préfectoral qui en autorisera l'acceptation (1) ».

Ce texte a été reproduit littéralement dans le projet de loi préparé par la seconde commission du Sénat. Cette commission propose cependant, en thèse générale, nous l'avons vu, l'application du système progressif, et dès lors il paraît singulier de la voir frapper d'un droit proportionnel de 9 0/0 les dons et legs de bienfaisance. Le rapporteur justifie, comme il suit, cette anomalie, et son opinion peut fort bien se soutenir : la consécration du système progressif par l'art. 1 du projet de la commission « n'implique pas, dit-il (2), que la graduation doive s'appliquer aux dispositions de bienfaisance... L'on peut admettre une taxe proportionnelle pour cette catégorie de libéralités où il n'y a pas de motifs de prendre en considération l'importance de la part successorale (3) ».

### § 5. — *Mesures destinées à assurer le recouvrement de l'impôt de mutation sur les valeurs mobilières.*

L'art. 11 du projet de loi voté par la Chambre se pré-

(1) *Sénat, doc. parl.*, 1896, p. 303 (Rapport de M. Cordelet).

(2) *Sénat, doc. parl.*, 1898, p. 528 (Rapport supplém. de M. Dauphin).

(3) On a proposé d'assujettir les dons ou legs en question à une simple taxe de *statistique*, c'est-à-dire à un droit de quelques centimes par 100 francs ; Audé, *op. cit.*, p. 146. Cf. M. Lebret, Chambre des députés, séance du 19 novembre 1895. — Ce serait, à notre avis, leur accorder une faveur exagérée.

occupe de la perception de l'impôt de mutation sur les valeurs mobilières. Cet article contient d'abord deux paragraphes ainsi conçus :

« L'art. 25 de la loi du 8 juillet 1853 est modifié ainsi qu'il suit :

« Le transfert ou la mutation au grand livre de la dette publique d'une inscription de rentes provenant de titulaires décédés ou déclarés absents *ne pourra être effectué que sur la présentation d'un certificat* délivré sans frais par le receveur d'enregistrement, dont la signature sera légalisée par le directeur, constatant l'acquittement du droit de mutation par décès.

« Il en sera de même pour les transferts ou conversions de titres nominatifs des sociétés, départements, communes et établissements publics. »

Ces deux premières dispositions ne sauraient, croyons-nous, donner lieu à aucune difficulté. Le § 1er n'est que la reproduction de l'art. 25 de la loi de finances du 8 juillet 1852. Le § 2 se borne à étendre aux titres nominatifs des sociétés, départements, communes et établissements publics, les formalités déjà prescrites pour l'inscription des rentes sur l'État et cette obligation ne nous paraît excessive (1).

Il n'en est pas de même du § 3 qui a soulevé de vives critiques (2) et qui est ainsi conçu :

« Nul dépositaire ou détenteur (3) de titres, sommes

(1) V. cependant en sens contraire un article intitulé : *Un des inconvénients pratiques des nouveaux droits de succession*, dans l'*Économiste français* du 14 déc. 1895.

(2) V. notamment : *L'impôt progressif et le monde des affaires* (*J. des Débats*, n° du 26 janvier 1896) ; article de M. Paul Leroy-Baulieu, dans le *Monde économique* du 14 déc. 1895.

(3) La proposition de M. Gamard du 13 juillet 1895, art. 4, étend

ou valeurs dépendant d'une succession, *ne pourra s'en dessaisir autrement que sur la présentation d'un certificat*, délivré sans frais par le receveur d'enregistrement, dans la forme indiquée au premier alinéa du présent article, et constatant soit l'acquittement, soit la non-existence de l'impôt de mutation par décès. Cette disposition est applicable : 1° aux assureurs sur la vie, en ce qui concerne les sommes, rentes ou émoluments quelconques dus par eux à raison du décès de l'assuré ; 2° aux sociétés, compagnies et banquiers, en ce qui concerne toutes les sommes dues, même autrement qu'à titre de dépôt, à l'auteur de la succession.

« Quiconque aura contrevenu aux dispositions du présent article, sera personnellement tenu des droits et pénalités exigibles, sans que la pénalité à la charge du contrevenant puisse être inférieure à 500 francs en principal ».

Ce texte frappe donc d'indisponibilité, sous une sanction pénale, jusqu'à l'acquittement des droits, le numéraire se trouvant dans une banque à titre de dépôt ou de reliquat de compte-courant. Il peut en résulter, pour la veuve et les enfants du défunt, une grande gêne pour faire face aux frais funéraires et aux dépenses courantes et pour payer le fisc. Les héritiers commerçants ou industriels se trouvent gravement menacés par cette disposition, puisqu'ils ne pourraient plus retirer de la banque les sommes qui leur sont nécessaires pour leurs échéances. En réalité, l'effet de l'art. 11 est, ainsi qu'on l'a fort bien dit (1), « de supprimer, en fait, le

la même défense aux *débiteurs* de sommes ou valeurs successorales.

(1) Rapport Cordelet, *Sénat, doc. parl.*, 1896, p. 304.

délai de six mois accordé par la loi pour le paiement des droits; ce délai a été précisément donné pour permettre aux héritiers de se mettre en mesure de se libérer. Il supprime, en outre, le bénéfice du délai de 3 mois et 40 jours accordé aux héritiers pour prendre parti ».

Les compagnies d'assurances sur la vie ont protesté, de leur côté, contre la situation nouvelle qui leur était faite par l'art. 11. Elles craignaient que l'administration s'autorisât de ce texte pour soutenir que les droits de mutation sont dus sur les polices souscrites dans leurs agences situées à l'étranger (1).

Pour toutes ces raisons, l'art. 11, 3 a été profondément modifié par la commission du Sénat, d'accord avec le Gouvernement. Dans le projet de M. Cordelet et dans celui de M. Dauphin (2), le texte se trouve rédigé de la façon suivante :

« Les dépositaires, détenteurs ou débiteurs de titres, sommes ou valeurs dépendant d'une succession ne pourront s'en dessaisir qu'à la condition d'adresser soit avant le paiement ou la remise, soit dans la quinzaine, au directeur de l'Enregistrement du département de leur résidence la liste des titres, sommes ou valeurs, dont ils voudraient effectuer ou dont ils auront effectué la re-

(1) Cette question est depuis longtemps controversée. Il s'agit de savoir s'il faut appliquer aux contrats souscrits à l'étranger, dans les agences des compagnies françaises, l'art. 6 de la loi du 21 juin 1875, c'est-à-dire s'il y a lieu de percervoir des droits de mutation par décès à raison des sommes dues de ce chef par l'assureur. L'administration soutient l'affirmative et les compagnies résistent à cette prétention.

(2) Art. 12, 3° du projet Cordelet et 13, 3° du projet Dauphin.

mise ou le paiement. Ces listes seront établies sur des formules imprimées délivrées sans frais par l'administration de l'Enregistrement; il en sera donné récépissé.

« Toutefois ces dispositions ne seront applicables qu'aux sociétés ou compagnies, agents de change, changeurs, banquiers, escompteurs, officiers publics ou ministériels, agents d'affaires et commissionnaires (1).

« Les compagnies françaises d'assurances sur la vie et les succursales établies en France des compagnies étrangères ne pourront se libérer des sommes, rentes ou émoluments quelconques dus par elles, à raison du décès de l'assuré, à des bénéficiaires autres que le conjoint survivant ou les successibles en ligne directe, si ce n'est sur la présentation d'un certificat délivré sans frais par le receveur d'Enregistrement, dans la forme indiquée au premier alinéa du présent article et constatant soit l'acquittement, soit la non-exigibilité de l'impôt de mutation par décès, à moins qu'elles ne préfèrent retenir pour la garantie du Trésor et conserver jusqu'à la présentation du certificat du receveur une somme égale au montant de l'impôt calculé sur les sommes, rentes ou émoluments par elles dus.

« L'art. 6 de la loi du 21 juillet 1875 n'est pas applicable lorsque l'assurance a été contractée à l'étranger et que l'assuré n'avait en France, à l'époque de son décès, ni domicile de fait, ni domicile de droit.

« Quinconque aura contrevenu aux dispositions du

(1) Le parag. 3 n'atteint donc plus les simples particuliers, mais seulement les sociétés et les personnes qui, par leur profession, sont en rapport avec le public. On remarquera d'ailleurs que les coulissiers sont compris dans l'énumération limitative du parag. 4 sous la qualification de banquiers ou d'agents d'affaires.

présent article sera personnellement tenu des droits et pénalités exigibles, sauf recours contre le redevable, et passible en outre d'une amende de 500 francs en principal » (1).

§ 6. — *Moyens de preuve.*

L'usage de certains modes de preuve, pour constater les inexactitudes dans les déclarations, trouve un obstacle légal dans les formes spéciales de procédure tracées par l'art. 65 de la loi du 22 frimaire an VII et par l'art. 17 de la loi du 27 ventôse an IX. D'après ces articles l'instruction des instances, en matière d'enregistrement, doit avoir lieu exclusivement par mémoires respectivement signifiés et tout débat oral est interdit à peine de nullité du jugement. La jurisprudence en a conclu depuis longtemps que l'administration ou les parties ne peuvent invoquer, parmi les preuves du droit commun, que celles dont l'emploi se plie aux exigences de l'instruction par écrit.

En conséquence, elle a été amenée à considérer comme

(1) Nous avons déjà signalé l'idée émise par M. Gamard (proposition de loi du 18 novembre 1895, *Chambre, doc. parl.*, 1885, t. II, p. 887) qui consisterait à remplacer le droit de mutation par décès par une taxe annuelle en ce qui concerne les titres au porteur. — Ce système que nous ne pouvons discuter à fond ici, paraît impraticable pour plusieurs raisons. Il est clair notamment qu'il rendrait impossible la déduction du passif dans les successions comprenant surtout des valeurs de ce genre, puisque l'impôt serait déjà payé sous forme d'abonnement lors du décès. D'autre part, ce système serait inconciliable avec le principe de la progressivité qu'on veut introduire dans l'impôt successoral. V. pour les détails, Audé, thèse de doctorat, p. 154 ss.

prohibé l'usage de la preuve testimoniale et du serment. D'une part, en effet, les formes de l'enquête ou de l'interrogatoire sur faits et articles, telles qu'elles sont réglées par le Code de procédure civile (art. 252 ss. et art. 324 ss.) supposent nécessairement l'existence d'un débat oral. D'autre part, le serment implique la comparution personnelle de la partie à laquelle il est déféré (1).

L'administration demande depuis longtemps qu'on lève cette prohibition. Un premier pas a été fait dans cette voie par la loi du 23 août 1871, qui, dans son article 13, relatif aux dissimulations de prix en matière de vente d'immeubles, admet la preuve par témoins pendant dix ans à partir de l'enregistrement de l'acte (2).

L'art. 12 du projet de loi voté par la Chambre va beaucoup plus loin ; il permet à l'administration de déférer le serment et de recourir à la preuve testimoniale en notre matière. Ce texte est ainsi conçu :

« L'inexactitude des attestations ou déclarations de dettes, de même que les omissions et les insuffisances d'évaluation commises dans les déclarations souscrites en matière de meubles et de valeurs mobilières pour le paiement des droits de mutation par décès, pourront être établies par tous les genres de preuves admises par le droit commun.

« Il n'est pas dérogé, en cette matière, aux dispositions des art. 65 de la loi du 22 frimaire an VII et 17 de la loi du 27 ventôse an IX. Dans le cas où l'administration userait de la faculté qui lui est accordée par le paragra-

(1) Rapport Doumer, *Ch., doc. parl.*, 1896, p. 902.

(2) V. aussi loi 28 février 1872, art. 8, qui déclare l'art. 13 de la loi du 23 août 1871 applicable aux mutations de propriété de fonds de commerce ou de clientèle.

phe précédent, les tribunaux auraient le droit d'ordonner toutes mesures ordinaires d'instruction dans la forme du droit commun, sans qu'il soit nécessaire de reprendre une nouvelle instance.

« L'action en recouvrement des droits et amendes exigibles par suite de l'inexactitude d'une attestation ou déclaration de dette se prescrit par *dix ans* à partir du jour de la déclaration de succession. »

Ces dispositions, qui ne figuraient pas dans le premier projet de la commission de la Chambre, ont été introduites à la demande de l'administration après l'extension donnée à la déduction des dettes. Elles ont été très vivement attaquées et elles ont été repoussées par les deux commissions du Sénat.

On a pensé, non sans raison, croyons-nous, qu'il fallait sans hésitation écarter le serment. Quant à la preuve testimoniale, même en la limitant à une période plus courte que celle adoptée par l'art. 13 de la loi du 23 août 1871, il paraît certain qu'elle donnerait lieu à des abus ; ce genre de preuve, toujours dangereux, l'est surtout lorsqu'il s'agit d'insuffisances d'évaluation de meubles et de valeurs mobilières.

La commission du Sénat a donc purement et simplement rayé les deux premiers paraphes de l'art. 12. Elle a d'autre part modifié le dernier, en réduisant à cinq ans le délai de la prescription, comme en matière d'omissions de biens autres que les inscriptions de rentes sur l'État dans les déclarations de succession. L'art. 12 se trouve donc ainsi rédigé dans les deux projets de la commission du Sénat :

« L'action en recouvrement des droits et amendes exigibles par suite de l'inexactitude d'une attestation ou déclaration de dette se prescrit par *cinq ans* à partir de la déclaration de succession » (1).

A notre avis, ce délai de prescription est insuffisant; toute omission d'actif ou toute fausse déclaration de passif devrait se prescrire par dix ans.

(1) Art. 13, projet Cordelet; art. 14, projet Dauphin.

# CONCLUSION

Nous avons ainsi terminé l'examen critique de l'impôt sur les successions, et il nous sera facile maintenant de dégager les grandes lignes de cette étude. Parmi les réformes qui ont été projetées, il y en a, ce sont les plus importantes, dont tout le monde reconnaît aujourd'hui la nécessité et qui ne tarderont pas à passer dans nos lois; après un demi-siècle de discussion l'accord s'est fait, au moins sur les principes. C'est là un résultat considérable et de nature à encourager ceux qui luttent si courageusement pour la conquête du droit. Malheureusement, à côté de ces premières réformes, il en est d'autres dont le besoin se fait sentir moins impérieusement et qui sont loin de réunir tous les suffrages; qu'elles soient réalisées ou non par la nouvelle loi qui est à l'ordre du jour du parlement, elles donneront lieu pendant longtemps encore à de vives discussions.

Dans le premier groupe, il faut ranger surtout le principe de la déduction du passif et celui de la liquidation des droits de mutation par décès sur la valeur véritable de la nue propriété et de l'usufruit. Sans doute ici encore les divergences éclatent dès qu'on pénètre dans les détails, notamment en ce qui concerne l'étendue à donner à la distraction des dettes. Mais ce sont là des points secondaires; le principe reste admis et, par suite, la lutte se terminera nécessairement par une transaction.

Le second groupe comprend toutes les autres réformes que nous avons eu à examiner dans le cours de ce travail. Voici, pour notre part, les diverses innovations que nous demandons au législateur d'apporter au régime fiscal des successions :

1° Adoption d'un tarif légèrement progressif;

2° Substitution de la valeur vénale au revenu capitalisé pour l'évaluation des immeubles;

3° Utilisation des polices d'assurances, à défaut d'inventaires ou d'actes de vente, pour déterminer la valeur des objets mobiliers ;

4° Système de la déclaration unique de succession (1);

5° Dégrèvement des petites successions ;

6° Application d'un tarif de faveur aux dons et legs de bienfaisance.

Nous repoussons au contraire quelques autres réformes dont la légitimité ou l'utilité nous paraît douteuse. Nous rejetons notamment les critiques dirigées contre la perception du droit de mutation par décès, suivant les sommes et valeurs de 20 fr. en 20 fr., sans fraction. Nous n'acceptons pas le système qui consiste à frapper de droits exceptionnels certaines successions en ligne directe. De même, nous n'acceptons pas le procédé qui aboutit à frapper d'indisponibilité, sous une sanction pénale, jusqu'à l'acquittement des droits, le numéraire se trouvant dans une banque à titre de dépôt ou de reli-

(1) Nous rappelons ici que nous n'acceptons cette modification au régime actuel des déclarations de succession que pour le cas où l'on établirait des tarifs progressifs.

quat de compte-courant. Enfin, nous ne croyons pas non plus que l'administration ait besoin, pour constater les fraudes, d'avoir à sa disposition tous les modes de preuve de droit commun.

*Vu le Professeur chargé de l'examen de la thèse :*
**CH. BODIN.**

*Vu le doyen :*
**G. de CAQUERAY.**

*Vu et permis d'imprimer*
LE RECTEUR,
**J. JARRY.**

# APPENDICE

Voici le texte du projet voté par la Chambre des Députés, le 22 novembre 1895, « portant modification du régime fiscal des successions, donations, mutations de nue propriété et d'usufruit et de ventes de meubles » :

« Art. 1er. — Pour la liquidation et le paiement des droits de mutation par décès, seront déduites les dettes à la charge du défunt, dont l'existence au jour de l'ouverture de la succession sera dûment justifiée, savoir : pour les dettes civiles, par des titres susceptibles de faire preuve en justice contre le défunt, et pour les dettes commerciales, par ses livres de commerce.

« Les dettes dont la déduction sera demandée seront détaillées, article par article, dans un inventaire sur papier non timbré, qui sera déposé au bureau lors de la déclaration de la succession et certifié par le déclarant.

« Toute dette au sujet de laquelle l'administration aura jugé les justifications insuffisantes sera écartée pour la perception des droits, sauf aux parties à se pourvoir en restitution s'il y a lieu.

« Art. 2. — Toutefois ne seront pas déduites :

« 1° Les dettes échues trois mois avant l'ouverture de la succession, à moins qu'il ne soit produit une attestation du créancier en certifiant l'existence à cette époque ;

« 2° Les dettes consenties par le défunt au profit de ses héritiers, donataires ou légataires, ou de personnes interposées; — sont réputées interposées les personnes désignées dans l'article 911, dernier alinéa, du Code civil ;

« 3° Les dettes reconnues par testament lesquelles, au point de vue fiscal, seront considérées comme des legs;

« 4° Les dettes garanties par une inscription hypothécaire périmée; — si l'inscription n'est pas périmée, mais si le chiffre en a été réduit, l'excédent sera seul déduit, s'il y a lieu ;

« 5° Les dettes résultant de titres passés ou de jugements rendus à l'étranger, à moins qu'ils n'aient été rendus exécutoires en France; celles qui sont hypothéquées sur des immeubles situés à l'étranger, et celles qui grèvent des successions d'étrangers.

« Art. 3. — Toute attestation ou déclaration ayant indûment entraîné la déduction d'une dette sera punie d'une amende égale au quart de cette dette, sans que cette amende puisse être inférieure à 200 fr. en principal.

« Il n'est pas innové aux dispositions de l'article 32 de la loi du 20 frimaire an VII.

« Art. 4. — L'article 3 de la loi du 21 juin 1875 est modifié ainsi qu'il suit :

« La valeur de la propriété des biens meubles est déterminée par la liquidation et le paiement du droit de mutation par décès :

« 1° Par l'estimation contenue dans les inventaires ou autres actes passés dens les deux années du décès;

« 2° Par le prix exprimé dans les actes de vente, lorsque cette vente a lieu publiquement et dans les deux années qui suivent le décès; -- cette disposition s'applique aux objets inventoriés et estimés conformément au paragraphe 1er, et dont l'évaluation serait inférieure au prix de la vente;

« 3° A défaut d'inventaire, d'actes ou de vente en prenant pour base 60 pour 100 de l'évaluation faite dans les polices d'assurances en cours au jour du décès et souscrites par le défunt ou ses auteurs moins de cinq ans avant l'ouverture de la succession ;

« 4° Enfin, à défaut de toutes les bases d'évaluation établies aux trois paragraphes précédents, par la déclaration faite conformément au paragraphe 8 de l'article 14 de la loi du 22 frimaire an VII.

« L'insuffisance dans l'estimation des biens déclarés sera punie d'un droit en sus, si elle résulte d'un acte antérieur à la déclaration. Si, au contraire, l'acte est postérieur à cette déclaration, il ne sera perçu qu'un droit simple sur la différence existant entre l'estimation des parties et l'évaluation contenue aux actes.

« Les dispositions qui précèdent ne sont applicables ni aux créances, ni aux rentes, actions, obligations, effets publics et tous autres biens meubles dont la valeur et le mode d'évaluation sont déterminés par des lois spéciales.

« ART. 5. — La valeur de la nue propriété et de l'usufruit des biens meubles et immeubles est déterminée pour la liquidation et le paiement du droit proportionnel, ainsi qu'il suit, savoir :

« 1° Pour les transmissions à titre onéreux de biens autres que créances, rentes ou pensions, par le prix exprimé, en y ajoutant toutes les charges en capital, sauf application des articles 17 de la loi du 22 frimaire an VII et 13 de celle du 23 août 1871 ;

« 2° Pour les échanges et pour les transmissions entre vifs à titre gratuit ou celles qui s'opèrent par décès, des mêmes biens, par une évaluation faite de la manière suivante : si l'usufruitier a moins de vingt ans révolus, l'usufruit est estimé aux sept dixièmes et la nue propriété au trois dixièmes de la propriété entière, telle qu'elle doit être évaluée d'après les règles sur l'enregistrement. Au-dessus de cet âge, cette proportion est diminuée pour l'usufruit et augmentée pour la nue propriété d'un dixième par chaque période de dix ans, sans fraction. A partir de soixante-dix ans révolus de l'âge de l'usufruitier, la proportion est fixée à un dixième pour l'usufruit et à neuf dixièmes pour la nue propriété. Pour déterminer la valeur de la nue propriété, il n'est tenu compte que des usufruits ouverts au jour de la mutation de cette nue propriété. L'usufruit constitué pour une durée fixe est estimé aux deux dixièmes de la valeur de la propriété entière pour chaque période de dix ans de la durée de l'usufruit, sans fraction et sans égard à l'âge de l'usufruitier ;

« 3° Pour les créances à terre, les rentes perpétuelles ou non perpétuelles et les pensions créées ou transmises à quelque titre que ce soit, et pour l'amortissement de ces rentes ou pensions, par une quotité de la valeur de la propriété entière établie suivant les règles indiquées au paragraphe précédent, d'après le capital déterminé par les paragraphes 2, 7 et 9 de l'article 14 de la loi du 22 frimaire an VII.

« Art. 6. — Les actes et déclarations régis par les dispositions des deux derniers paragraphes de l'article 5 feront connaître la date et le lieu de la naissance de l'usufruitier, et si la naissance est arrivée hors de France ou d'Algérie, il sera en outre justifié de cette date avant l'enregistrement;

à défaut de quoi il sera perçu les droits les plus élevés qui pourraient être dus au Trésor, et la perception ainsi établie ne donnera lieu à aucune restitution. L'indication inexacte de la date et du lieu de naissance de l'usufruitier sera passible, à titre d'amende, d'un droit en sus égal au supplément du droit simple exigible.

« Art. 7. — Les mutations par décès seront enregistrées au bureau du domicile du décédé, quelle que soit la situation des valeurs mobilières ou immobilières à déclarer.

« A défaut de domicile en France ou en Algérie, la déclaration sera passée au bureau du lieu du décès, ou, si le décès n'est survenu ni en France ni en Algérie, à celui des bureaux qui sera désigné par l'administration.

« Les héritiers, légataires ou donataires, leurs tuteurs ou curateurs seront tenus, comme par le passé, de souscrire une déclaration détaillée et de la signer sur le registre. Toutefois, en ce qui concerne les immeubles situés dans la circonscription de bureaux autres que celui où est passée la déclaration, le détail sera présenté, non dans cette déclaration, mais distinctement pour chaque bureau de la situation des biens sur une formule fournie par l'administration et signée par le déclarant.

« Art. 8. — Les droits de mutation par décès de biens meubles ou immeubles seront liquidés sur la part nette recueillie par chaque ayant droit. Ils seront perçus sans addition d'aucun décime, pour chacune des fraction de cette part, suivant les tarifs portés au tableau ci-après :

« Toutefois, pour les parts successorales n'excédant pas 100 fr., et seulement en ligne directe, entre époux et entre frères et sœurs, les taux portés au tableau ci-dessus seront réduits de moitié et fixés ainsi :

| | | |
|---|---|---|
| « En ligne directe . . . . . . . . . | 0,50 | p. 100 |
| « Entre époux. . . . . . . . . . . | 1,875 | — |
| « Entre frères et sœurs . . . . . . . | 4,25 | — |

« Pour les parts successorales nettes n'excédant pas 10.000 francs, et seulement entre époux et entre frères et sœurs, l'impôt sera calculé sur la part entière à un taux aussi réduit :

« Entre époux, 3,75 0/0 ;

« Entre frères et sœurs, 8,10 0/0.

| INDICATION DES DEGRÉS de parenté | TAUX APPLICABLES A LA FRACTION DE PART NETTE COMPRISE ENTRE | | | | | | | | |
|---|---|---|---|---|---|---|---|---|---|
| | 1 fr. et 2.000 fr. | 2.001 fr. et 10 000 fr. | 10.001 fr. et 50.000 fr. | 50.001 fr. et 100.000 fr. | 100.001 fr. et 250.000 fr. | 250.001 fr. et 500.000 fr. | 500.001 fr. et 1 million | 1 million et 3 millions | Au-dessus de 3 millions |
| | p. 100 | p. 100 | p. 100 | p. 100 | p. 100 | p. 100 | p. 100 | p. 100 | p. 100 |
| 1° Ligne directe........ | 1 » | 1,25 | 1,50 | 1,75 | 2 » | 2,50 | 3 » | 3,50 | 4 » |
| 2° Entre époux.......... | 3,75 | 4 » | 4,50 | 5 » | 5,50 | 6 » | 7 » | 8 » | 9 » |
| 3° Entre frères et sœurs ...... | 8,30 | 9 » | 9,50 | 10 » | 10,50 | 11 » | 12 » | 13 » | 14 » |
| 4° Entre oncles ou tantes et neveux ou nièces.............. | 10 » | 10,50 | 11 » | 11,50 | 12 » | 13 » | 14 » | 15 » | 16 » |
| 5° Entre grands-oncles ou grand'tantes, petits-neveux ou petites-nièces et entre cousins germains........ .......... | 12 » | 12,50 | 13 » | 13,50 | 14 » | 15 » | 16 » | 17 » | 18 » |
| 6° Entre parents au delà du 4° degré et entre personnes non parentes............... | 14 » | 14,50 | 15 » | 15,50 | 16 » | 17 » | 18 » | 19 » | 20 » |

« Les taux applicables aux parts successorales recueillies en ligne directe seront doublés lorsque par le prédécès du père, le petit-fils héritera directement de son aïeul ; ils seront triplés lorsque l'arrière-petit-fils héritera directement de son bisaïeul. Les taux de la ligne directe seront également doublés lorsque la part successorale sera recueillie dans la ligne directe ascendante, allant du fils au père, et triplés quand elle ira du petit-fils ou arrière-petit-fils à l'aïeul ou au bisaïeul.

« Les dispositions de l'avant-dernier alinéa de l'article 53 de la loi du 28 avril 1816 sont maintenues.

« Art. 9. — Les droits d'enregistrement des donations entre vifs de biens meubles ou immeubles sont affranchis de tout décime ; ils seront perçus sur les quotités ci-après et la formalité de la transcription au bureau de la Conservation des hypothèques ne donnera plus lieu à aucun droit proportionnel.

« § 1er. — En ligne directe :

« 1° Pour les donations portant partage, faites conformément aux articles 1075 et 1076 du Code civil, par les père et mère ou autres ascendants, entre leurs enfants ou descendants, 2,50 0/0.

« 2° Pour les donations faites par contrat de mariage aux futurs, 2,75 0/0.

3° Pour les donations autres que celles désignées aux deux numéros précédents, 3,75 0/0.

« § 2. — Entre époux, en ligne collatérale ou entre personnes non parentes, par contrat de mariage ou hors de mariage, savoir :

« 1° Entre époux, 5 0/0 ;

« 2° Entre frères et sœurs, 10 0/0 ;

« 3° Entre oncles et tantes, neveux ou nièces, 11,50 0/0 ;

« 4° Entre grands-oncles et grand'tantes, petits-neveux et petites-nièces, et cousins germains, 14 0/0 ;

« 5° Entre parents au delà du 4e degré et entre personnes non parentes, 16,50 0/0.

« Art. 10. — Les tarifs édictés pour la ligne directe sont applicables aux dons et legs de bienfaisance faits aux départements, aux communes, aux établissements publics charitables et hospitaliers, aux sociétés de secours mutuel reconnues d'utilité publique ou seulement approuvées.

« A l'égard de tous biens légués aux départements, communes, hospices, bureaux de bienfaisance, et à tous autres établissements publics ou d'utilité publique, le délai pour le paiement des droits de mutation par décès ne courra contre les héritiers ou légataires saisis de la succession qu'à compter du jour où l'autorité compétente aura statué sur la demande en autorisation d'accepter le legs, sans que le payement des droits puisse être différé au delà de deux années à compter du jour du décès.

« Cette disposition ne porte pas atteinte à l'exercice du privilège que l'article 32 de la loi du 22 frimaire an VII accorde au Trésor sur les revenus des biens à déclarer.

« ART. 11. — L'article 25 de la loi du 8 juillet 1852 est modifié ainsi qu'il suit :

« Le transfert ou la mutation au grand livre de la dette publique d'une inscription de rentes provenant de titulaires décédés ou déclarés absents ne pourra être effectué que sur la présentation d'un certificat délivré sans frais par le receveur de l'Enregistrement, dont la signature sera légalisée par le directeur, constatant l'acquittement du droit de mutation par décès.

« Il en sera de même pour les transferts ou conversions de titres nominatifs des sociétés, départements, communes ou établissements publics.

« Nul dépositaire ou détenteur de titres, sommes ou valeurs dépendant d'une succession ne pourra s'en dessaisir autrement que sur la présentation d'un certificat délivré sans frais par le receveur de l'Enregistrement, dans la forme indiquée au premier alinéa du présent article et constatant soit l'acquittement, soit la non-exigibilité de l'impôt de mutation par décès. Cette disposition est applicable : 1° aux assureurs sur la vie en ce qui concerne les sommes, rentes ou émoluments quelconques dus par eux à raison du décès de l'assuré ; 2° aux sociétés, compagnies et banquiers en ce qui concerne toutes les sommes dues, même autrement qu'à titre de dépôt, à l'auteur de la succession.

« Quiconque aura contrevenu aux dispositions du présent article sera personnellement tenu des droits et pénalités exigibles, sans que la pénalité à la charge du contrevenant puisse être inférieur à 500 francs en principal.

« Art. 12. — L'inexactitude des attestations ou déclarations de dettes, de même que les omissions et les insuffisances d'évaluation commises dans les déclarations souscrites en matière de meubles et valeurs mobilières pour le paiement des droits de mutation par décès pourront être établies par tous les genres de preuve admises par le droit commun.

« Il n'est pas dérogé en cette matière aux dispositions des articles 65 de la loi du 22 frimaire an VII et 17 de la loi du 27 ventôse an IX. Dans le cas où l'administration userait de la faculté qui lui est accordée par le paragraphe précédent, les tribunaux auraient le droit d'ordonner toutes mesures ordinaires d'instruction dans la forme du droit commun, sans qu'il soit nécessaire de reprendre une nouvelle instance.

« L'action en recouvrement des droits exigibles par suite de l'inexactitude d'une attestation ou déclaration de dette se prescrit par dix ans à partir du jour de la déclaration de la succession.

« Art. B. — Sont applicables en Algérie, sous les réserves ci-après spécifiées, les lois et tarifs qui régissent en France la perception du droit de mutation par décès.

« Le droit de mutation par décès sera toujours liquidé sur la valeur vénale.

« Les immeubles ruraux de colonisation seront affranchis des droits de mutation par décès pendant dix ans, à dater du jour où ils auront été concédés ou acquis. Après ce délai, les droits perçus seront moitié de ceux fixés par la présente loi.

« Un règlement d'administration publique déterminera les conditions dans lesquelles la perception du droit de mutation par décès s'appliquera aux biens dépendants des successions musulmanes.

« Art. 14. — Sont également applicables en Algérie les tarifs établis pour les mutations entre vifs à titre gratuit par l'article 9 de la présente loi.

« En remplacement du décime perçu sur les droits de cette nature en exécution de l'article 2 de la loi du 29 juillet 1882, il sera prélevé au profit de l'Assistance publique 3 0/0 du produit des nouveaux tarifs.

« Art. 15. — Est porté à 3 pour 100 le tarif de 2 pour 100 actuellement applicable aux biens meubles en vertu du paragraphe 5 n[os] 1, 2, 4, 6 et 7 de l'article 69 de la loi du 22 frimaire an VII, de la loi de finances du 25 juin 1841 et de l'article 7 de la loi du 28 février 1872, sauf en ce qui concerne les ventes à l'amiable ou aux enchères de mobiliers agricoles, de bestiaux, de récoltes, et les ventes de coupes de bois, pour lesquelles le tarif actuel est maintenu.

« Sont également maintenues les réductions de tarifs accordées par les lois en vigueur pour les transmissions, à titre onéreux, des biens visés au paragraphe précédent.

« Art. 16. — Les droits d'enregistrement applicables aux ventes d'immeubles et aux autres actes énumérés au paragraphe 7, n° 3 et au paragraphe 7, n^os 1, 2, 3, 4, 5 et 6 de l'article 69 de la loi du 22 frimaire an VII, sont réduits à 2 fr. par 100 fr. et affranchis de tout décime, lorsqu'il s'agit de biens ruraux et que la valeur assujettie au droit de mutation n'excède par 1.000 fr. pour un même acquéreur.

« En aucun cas, la perception du droit de mutation à titre onéreux et du droit de transcription exigé en vertu de l'article 54 de la loi du 28 avril 1816 ne pourra excéder 2 fr. par 100 fr. pour les immeubles ruraux dont la valeur n'excède pas 1.000 fr.

« Art. 17. — Lorsqu'une vente ou tout autre acte visé par l'article précédent comprend des immeubles ruraux et des immeubles urbains, la réduction de droit édictée par l'immeuble précédent n'est applicable que s'il est stipulé un prix particulier pour ces derniers, et s'ils sont désignés article par article dans le contrat.

« Art. 18. — La taxe établie par l'article 5 de la loi du 21 juin 1875 sur les lots payés aux créanciers et aux porteurs d'obligations, effets publics et tous autres titres d'emprunt est fixée à 8 pour 100.

« Art. 19. — Les dispositions des articles 16 et 17 de la présente loi ne seront exécutoires que six mois après sa promulgation. »

# TABLE DES MATIÈRES

## DEUXIÈME PARTIE

### Les projets de réforme.



Imp. Camis et Cie, Paris. — Section orientale A. Burdin, Angers.

www.ingramcontent.com/pod-product-compliance
Ingram Content Group UK Ltd.
Pitfield, Milton Keynes, MK11 3LW, UK
UKHW020559180726
13838UKWH00001B/334